EDITION
Johannes Kuhn

Hermann Freudenberger

Freundschaften sind wie Gärten

Quell

EDITION JOHANNES KUHN BAND 3

ISBN 3-7918-1802-3

1. Auflage 1991
Umschlaggestaltung: Klaus Dempel, Stuttgart
Satz: Quell Verlag, Stuttgart
Druck: Ebner Ulm

INHALT

DIE ZEIT SPIELT MIT UNS WIE DER WIND MIT DEN BÄUMEN

Es gibt schwelgerische Merksätze über Freundschaften. Beispielsweise: »Wer keine Freunde hat, lebt nur zur Hälfte.« Oder: »Wer nicht einen einzigen braven Menschen zum Freund hat, verdient nicht zu leben.« Oder: »Ein Freund ist gleichsam ein anderes Ich.« Oder: »Ein Freund ist eine Seele in zwei Körpern.« Oder: »Es gehen viele Freunde in ein kleines Haus.« Oder: »Betritt jemand das Haus eines Freundes, so kann er gleich beim Eintreten dessen Wohlwollen erkennen, auch wenn noch kein Wort gesprochen wird. Der Pförtner ist freundlich. Der Hund kommt wedelnd heran. Es eilt jemand herbei und stellt einen Stuhl zurecht.«

Es sind allerdings lauter Männersätze. Von Euripides bis Goethe. Sie scheinen fast aus einem Guß und klingen ein bißchen aristokratisch. Die VIPs von früher sind das. Es gibt auch einen Satz, der von einer Frau sein könnte: »Freundschaften sind wie Gärten.« Aber auch das war ein Mann, oder immerhin ein Franzose: Antoine de Saint-Exupéry, Flugpilot und Schriftsteller (1900-1944), Autor solcher Bücher wie »Wind, Sand und

Sterne« und »Der kleine Prinz«. Und auch das könnte von einer Frau sein: »Freundschaft ist wie Liebe, nur ohne Flügel«. Oder Freundschaft ist wie Feuer im Kamin, während es draußen leise schneit.

Und was sind Gärten? Der gute Professor Hans Luz, der mit Professor Max Bächer zusammen die Bundesgartenschau 1977 in Stuttgart ausrichtete, hielt in der Universität, morgens um zehn, einen Vortrag über »Gärten und Parkanlagen in Stuttgart«. Unsereiner saß mit im Hörsaal, wie er früher schon einer Konzertprobe morgens um zehn zuhörte und sich fragte: Darf man das, morgens um zehn schon Musik machen, oder eben jetzt: morgens um zehn schon über Gärten reden?

Und dann kamen sie nacheinander: die frühen Renaissancegärten und Barockgärten, Schloß Solitude und Schloß Hohenheim, die Königsgärten in der Stadtmitte, oder die Villa Berg und die Wilhelma –, lauter Gärten.

Die erste Industrialisierungswelle. Die erste Stadterweiterung. Man baute den Hang hinauf. So entstanden die privaten Gärten. Der gute Herr Luz: »Hier blühen immer noch die meisten Obstbäume. Hier blühen die Forsythien. Hier blüht der Flieder.« Die ersten Prominentengärten um die Villen. Und die alte Frage, soll der Garten landschaftlich-natürlich oder streng architektonisch sein? Die Gartenbauausstellung 1913. Die Inflation und die Depression. Oder die Gärtner und die Buchhändler als Leidensgenossen, wenn das Geld knapp wird. Oder der Gärtner noch mit Hammer, Spaten und Schubkarre. Der Umschwung auch unter den Gartengestaltern: leichter und lockerer. Neue Materialien, neue Maschinen, neue Züchtungen. Der Boden wurde teurer. Die Gärten wurden kleiner. Die Präsentiergärten früher – die Wohngärten heute. Die Liegewiesen und die Dachbegrünungen.

Es gibt Weingärten, Kräutergärten, Klostergärten, Königsgärten. Jeder kennt einen Garten, in dem er alt werden möchte. Aber nicht jeder hat einen Garten. Und nicht jeder eignet sich zum Gärtner. Und nicht jeder eignet sich zur Freundschaft.

Es gibt auch schlichtere Merksätze über Freundschaften: »Freunde mit dem Mund, einer auf ein Pfund.« »Während das Glück dir lacht, wirst Freunde du zählen in Menge, wenn sich der Himmel bewölkt, findest du dich bald allein.« »Alte Freunde muß man nicht unbedingt wiedersehen, man versteht sich vielleicht nicht mehr mit ihnen.«

Freundschaften im Alter sind Bestandsaufnahmen. Wer jetzt noch Freund ist, für den gilt: »Freunde verständigen sich nicht, sie verstehen sich.« Oder wie es Luther schon wußte: »Die Glocken klingen viel anders, wenn einem ein lieber Freund stirbt.«

Und vor allem: Es gibt nicht nur Freundschaft mit Menschen. Es gibt auch Freundschaft mit dem Leben, mit der Natur, mit den Jahreszeiten. Es gibt auch Freundschaft mit sich selber. Wer sich selber nicht mag, tut sich meist schwer, auch andere zu mögen. Oder er nimmt sich selber zu streng in die Pflicht.

Wenn man alt wird, läßt die körperliche Kraft nach. Der Körper wird mürbe. Aber wir entdekken verwundert, daß wir noch nie so viel wußten. Die geistige Kraft nimmt zu. Es fallen uns Zusammenhänge ein, von denen wir schwören könnten, wir haben das nie erfahren und nie gelernt. Wer gibt uns das ein? Von wem haben wir das? Vielleicht stellt unser Unterbewußtsein solche Anrufe und Zurufe her. Oder wir kennen unser Archiv im Kopf nicht, das fleißiger gesammelt hat, als wir dachten. Auch das ist Freundschaft: Der Körper tut oft mehr für uns als wir für ihn.

Oder: »Auch ein unbekannter Freund ist ein

Freund.« Man sagt, daß wir viele Ahnen in unserem Stammhirn mit uns herumtragen. Irgendjemand ist da immer dabei, der uns besonders mag. Vielleicht erklärt sich so der Schutzengel. Oder unser Instinkt. Etwas warnt uns oder tröstet uns oder macht uns Mut. Auch das ist Freundschaft. Und jeder Wunsch ist Freundschaft, auch wenn er nicht in Erfüllung geht. Aber sich etwas wünschen, ist ein angenehmes Gefühl. Und jedes angenehme Gefühl ist Freundschaft.

»Wir Alten sind die Milden und Gelinden, weil wir im Abschiednehmen uns befinden. Wie könnten wir noch denen grollen, die wir so bald verlassen sollen.« Ganz so traurig muß es nicht sein. Unsereiner hat später einen anderen Satz gefunden, so ähnlich, aber fester und genauer für den Zustand des Alters. Ein bißchen grauer Panther darf es schon noch sein. Oder wie der gute B. sagt, seit er pensioniert ist, genieße er am meisten, »daß man mit Dummköpfen keine Kompromisse mehr schließen muß«. Starrsinn im Alter entspringt einem falschen Stolz, aber wenigstens noch so viel Selbstvertrauen haben wie ein Tennisspieler mit siebzig, das macht Spaß. Und alles, was immer noch Spaß macht, ist Freundschaft.

ÜBER FREUNDLICHKEITEN FÄNGT DIE FREUNDSCHAFT AN

Gesichter. Gesichter. Gesichter. Es gibt den Alltag. Und den Reigen des Alltags. Und der Reigen, das sind die Gesichter, die uns begegnen, die an uns vorbeihuschen. Wie unser Gesicht an anderen Gesichtern vorbeihuscht. Die Seele kann man nicht sehen. Oder doch, ein wenig im Gesicht. Man trifft Bekannte, also vertraute Gesichter. Die meisten Gesichter kennt man nicht. Aber jedes Gesicht gilt gleich viel.

Man kann daheim ein anderes Gesicht haben als unterwegs, aber man kann sein Gesicht nicht daheim lassen. Wahrscheinlich sieht unser Gesicht aus wie unsere Unterschrift. Wir tragen mit ihm vieles herum, was wir erlebt haben oder erleben mußten. Es gibt die jungen Gesichter, noch ungeprägt, und nicht selten in viele Haare eingemacht. Was die Männer an Bärten tragen, tragen Frauen und Mädchen als Stirnfransen, die oft fast die Augen verdecken. Eine neue Art von Schleier. Was an unseren Gesichtern durch den Wohlstand müder geworden ist, ist durch die Haare lustiger geworden.

Die meisten Gesichter sind neutral. Sie tun einem nichts. Und wer einem nichts tut, ist friedlich. Und friedlich ist freundlich. Und über Freundlichkeiten fängt die Freundschaft an. Das muß nicht den ganzen Tag vorhalten, aber zehn Minuten Sonne am Tag reicht auch schon.

Es gibt die Theaterleute mit ihren bemalten Bühnengesichtern. Jeden Abend diese markanten Köpfe. Es gibt die Bürogesichter, jeden Abend erlöst. Es gibt die Gesichter bei einer Gerichtsverhandlung: Richter, Staatsanwalt, Verteidiger, das Publikum im Saal und der Angeklagte. Sein Gesicht ist das einsamste. Vielleicht wird es nicht gar so schlimm. Auch mildernde Umstände sind Freundschaft.

Es gibt die Gesichter der Singchöre. Die Notenblätter und die jauchzenden Lippen darüber. Auch das ist Freundschaft. Hier singen alle Gesichter einem Gesicht zu. Und das ist der Dirigent. Und er wieder steht mit dem Rücken zum Publikum. Er kann noch so streng sein bei den Proben. Beim Konzert ist er eine Vaterfigur.

Oder die vermummten Gesichter. Beispielsweise im Operationssaal. Tücher und Brillen. Es sind Gesichter, die einem helfen, die einen wieder gesund machen wollen. Du siehst sie nicht, wenn du der Patient bist. Du liegst unter Narkose da.

Die vermummten Gesichter bedeuten Bemühung für dich und Freundschaft. Und anders wieder: das Gesicht eines Polizisten hinter dem Plexiglasvisier an seinem Schutzhelm. Und der Demonstrant vor ihm. Mit seinem Kampftuch bis zur Nasenwurzel hoch. Auch eine Operation. Aber eine andere.

Ein weinendes Kind. Ein lachendes Kind. Ein schlafendes Kind. Die drei Gesichter des Lebens. Jedes Gesicht ist das immer gleiche Thema, auch heute noch: Kain und Abel, Philemon und Baucis, Romeo und Julia. Oder wem wir begegnen. Und wie wir miteinander auskommen. Ob wir wollen oder nicht. Der vermummte Bankräuber. Und das Baby, das zum erstenmal die Augen aufschlägt und blinzelt: »Was nun?«

WAS HAT EIN SCHMETTERLING MIT FREUNDSCHAFT ZU TUN?

Den guten Dr. Friedrich E. Vogt getroffen. Vierundachtzig. Er schreibt seine Gedichte und Briefe immer noch mit der Hand. Er hat als Dialektforscher mit seinem »Schwäbisch in Laut und Schrift« für die jungen Autoren etwas erfunden, was ihnen selbst Fischers »Schwäbisches Wörterbuch« mit acht dicken Bänden nicht bieten kann, eine Art Notenaufzeichnung, wie man Sprechschwäbisch in Buchstaben faßt. Vogt über Vogt: »S hot en mei'm Läba viilerloi Herrschaftsforma gäba. Ond, wemmer mih däät froga: S isch koine, ao net dui von heit, so nach mei'm Gusto gwä.«

Der Gusto ist das Gelüste oder die Lust. Der gute Herr Vogt glaubt noch immer, etwas versäumt zu haben. Und er möchte immer noch rebellisch sein, bloß, er hat es nie gelernt. Und der Poet in ihm: vier Zeitumschwünge. Die Königszeit mit dem Ersten Weltkrieg, dann die Weimarer Republik und die Inflation, dann das sogenannte Dritte Reich mit dem Zweiten Weltkrieg und die Zeit von 1945 bis heute.

Viele alte Leute haben das auch so erlebt. Die Jüngeren hatten es da leichter. Sie sind nach dem letzten Krieg kaum mehr von außen gestört worden. Sie mußten sich nicht nach vier Zeitumschwüngen viermal wieder zusammenflicken. Ihr Fundus hat kaum Brüche und Narben. Und das wieder ist das Vermögen der Alten: vom Leben gebeutelt und gewetzt, erfahrener geworden und auf Geduld geschliffen.

Freundschaft mit allem, was dich auf Geduld schleift. Ohne Geduld keine Freundschaft. Und aus Geduld wiederum wird Vertrautheit. Vertraut war mir die Großmutter. Und vor der Großmutter war die Urgroßmutter. Beide rochen noch nach Vanille, weil es jeden Freitag Dampfnudeln mit Vanillesoße gab. Wie immer Großmütter riechen, sie riechen nach Freundschaft.

Freundschaft empfindet der Organist für seine Orgel. Sie gehen beide auf die Siebzig zu. Die Orgel hat man vor zwei Jahren neu richten lassen. Aber er greift jetzt oft daneben. Das kann man nicht mehr richten lassen.

Der welke Charme vier würdiger Herren, oder: Was hat ein Schmetterling mit Freundschaft zu tun? Erlebt haben diese Geschichte Ferdinand Leitner, zwanzig Jahre lang Generalmusikdirektor in Stuttgart, und Walter Ludwig, Tenor in

Stuttgart. Erzählt hat diese Geschichte Walter Erich Schäfer, über zwanzig Jahre lang Generalintendant in Stuttgart. Und Herr Schäfer wiederum erzählte das zum 25jährigen Dienstjubiläum des Stuttgarter Oberbürgermeisters Arnulf Klett, 1970, im Hotel am Schloßgarten: »Ferdinand Leitner hatte einmal einen Liederabend mit Walter Ludwig, ausgerechnet in Ludwigslust, das, glaube ich, in Mecklenburg liegt oder so. Es war im Winter. Und man hatte für dieses Konzert eigens geheizt. Es war eine sehr schöne Stimmung, und alles ging auch vielleicht zwanzig Minuten gut. Dann aber tauchten aus allen Ritzen Schmetterlinge auf, die dort überwintert hatten und die nun durch die Heizung aufgeweckt worden waren. Einige setzten sich auf die Noten von Walter Ludwig. Er wischte sie weg. Dann saß einer auf seinem Mund. Den konnte er auch noch entfernen. Dann saß aber einer unterhalb der Weste, den er mit einem kurzen Schlag mittels seiner Notenblätter erledigte. Aber dort klebte er dann. Brüllendes Gelächter aus dem Publikum füllte den Raum. Man mußte das Konzert abbrechen. Das ganze Publikum beteiligte sich am Fang der Schmetterlinge. Erst dann konnte man weitermachen.«

Unsereiner erlebte mal etwas Ähnliches. Ein Schmetterling wollte mit einer Henne spielen. Er flog der Henne dauernd um den Schnabel herum. Die Henne hatte ihre Kücken dabei und verstand keinen Spaß. Schließlich wurde es der Henne zu bunt. Sie schnappte zu und verputzte den Schmetterling.

Doch, doch: Ein Schmetterling hat etwas mit Freundschaft zu tun. Die Raupe verwandelt sich in einen Schmetterling. Und der Schmetterling fliegt auf einen Regenbogen zu. Oder der gelbe Löwenzahn verwandelt sich in eine Pusteblume, in eine silbrige Kugel aus lauter Samen. Und die Samen nimmt der Wind mit. Alle friedliche Verwandlung ist Freundschaft.

GROSSMUTTERS FREUNDSCHAFTEN
GROSSMUTTERS GÄRTEN

Wenn Großmutter ein Buch las, benutzte sie als Lesezeichen einen vergilbten Brief, ohne Datum und Unterschrift. Es muß der Abschied von irgendeinem Sommer gewesen sein: »Wir sind gewandert. Wir sind frühmorgens barfuß über die Wiesen gelaufen. Wir ruderten. Und das Wasser war spiegelglatt, daß wir uns kaum trauten, die Ruder hineinzutauchen. Man soll Ruhe und Stille nicht stören. Wir saßen am Waldrand, haben uns beim Gewitter untergestellt und sind trotzdem naß geworden. Jeder hat etwas getan, was man nur im Sommer tut. Wir haben Blumen in die Vasen gesteckt. Immer andere. Immer größere. Margeriten, Sonnenblumen, Gladiolen. Wir lasen Rilke. Wir lasen Hesse. Wir lasen Binding. Wir saßen am Lagerfeuer und sangen unsere Lieder: ›Jenseits des Tales standen ihre Zelte. Zum roten Abendhimmel stieg der Rauch. Es war ein Singen in dem ganzen Lager. Und ihre Reiterbuben sangen auch.‹ Wir haben Halme aus dem Boden gezogen. Und sie um die Finger gewickelt. Jeder Sommer ist neu. Und kein Sommer kommt wieder. Wir haben Ferien gemacht und sind braun geworden. Dann waren wir wieder daheim. Und die erste Kastanie purzelte vom Baum. Noch brauner als wir. Und sie war nicht verreist.«

Großmutter hat nie verraten, von wem der Brief war. Sie sagte nur: »Es gibt so viele Briefe, wie es Sterne gibt.«

Einer der reizvollsten Gärten in Stuttgart ist das Städtische Lapidarium in der Mörikestraße. Es ist der frühere Garten des Fabrikanten Karl von Ostertag-Siegle (1859-1924), den er im Stil der römischen Villengärten anlegen ließ. An die dreihundert Antiquitäten sind dort zu finden: Steine mit Inschriften, Bauplastiken und Architekturteile verschwundener Häuser, Originale und Nachbildungen von Büsten, Medaillons und Grabplatten, alte Wetterfahnen, Torbögen und Säulen. Und nicht zu vergessen: eine Wandelhalle mit zweihundert römischen Funden.

Großmutter schwärmte: »Eigentlich müßte man sich ein Vesper im Korb mitnehmen. Und eine Flasche Württemberger. Und sich auf die Wiese setzen. Oder in den Schatten, unter die hohen Bäume. So romantisch ist dieser Garten. Es sind keine Trümmer. Es sind Spuren. Und jeder Stein erzählt dir eine Geschichte.«

Es gab noch einen anderen Garten für Großmutter. Wenn sie schlechte Laune hatte, ging sie zum Friseur. Wenn der Friseur nicht gleich einen Termin für sie frei hatte, wie sie das gewohnt war, ging sie zum Aquarium der Wilhelma.

Die Wilhelma in Stuttgart, mit zwei Millionen Besuchern im Jahr, ist ein botanisch-zoologischer Garten. Früher war es die Sommerresidenz des zweiten württembergischen Königs, Wilhelm I., eine Märchenvilla im maurischen Stil. Der botanisch-zoologische Garten entstand nach dem letzten Krieg. Und das Aquarium dort ist eine Kunstausstellung für sich. Hier tummeln sich die prächtigsten Südseefische der Welt und feiern jeden Tag Karneval.

Großmutter: »Hier schwimmen lauter Stoffmuster und Tapetenmuster herum in leuchtenden Farben, jahrmillionenalt, das kann einen verrückt machen. Das war damals schon moderner, als wir heute sind.« In der Wilhelma gibt es auch einen Magnolienhain. Die Magnolien blühen an Ostern oder Pfingsten. Rund achttausend Tierarten leben in diesem riesigen Garten – praktisch alles, was mit der Arche Noah durch die Sintflut kam. Und es gibt einen Wintergarten, in dem am Heiligen Abend der Flieder blüht. Großmutter: »So viele Freundschaften gibt es gar nicht, wie es hier Gärten zusammen in einem Garten gibt.«

»Leben lernen und sterben müssen«, sagte Großmutter, »wer sich das wohl ausgedacht hat. Das paßt doch überhaupt nicht zusammen. Oder vielleicht doch? Wir sollten uns so riesig mit Leben füllen, daß wir den Tod gar nicht merken. Dann wären wir reich gewesen.«

Großmutter lernte einen Rabbi aus New York kennen. Einen Dr. Hermann Dicker, 75, der zu einem Versöhnungsbesuch nach Stuttgart kam, wo er als Bub zur Schule ging. Jetzt saß er auf dem Schloßplatz und hielt sein Gesicht in die Sonne: »Ich sitze gern in der Sonne.« Großmutter setzte sich dazu. Die ersten Juden, die zu Versöhnungsbesuchen zurück nach Deutschland kamen, erfanden den Satz: »Wir haben die Häuser gestreichelt.«

Es gibt einen anderen Satz: »Mein Deutschland ist untergegangen.« Ein Satz derer, die nicht mehr kommen wollen. Der Rabbi blinzelte in die Sonne: »Es ist ein Unglück, daß wir uns einteilen nach Nationalitäten, nach Bürgerrechten, nach Rasse und Religion. Schon Diogenes hat den Menschen mit der Laterne gesucht.«

Und Großmutter dachte, vielleicht würde ich auch zu denen gehören, die nicht wiederkommen möchten, wenn ich so etwas wie der Rabbi erlebt hätte. Wer die Häuser in Deutschland noch streicheln kann, der streichele sie für mich mit. Es kann nicht immer alles Freundschaft sein.

Großmutter ging mit dem Schriftsteller Hermann Lenz spazieren. Er schrieb mit Dreiundzwanzig seine ersten Gedichte: »Ich möchte eine Wiese haben, mit lauter gelben Dolden drauf.« Und: »In ein gerolltes Weinblatt möcht ich kriechen.« Lenz sagt im Alter über ehrliches Schreiben: »Einritzen in Papier, was dir wert ist; alles sehen, alles hören, alles riechen, alles spüren; sich durchlässig machen für andere.«

Großmutter ging mit dem Schriftsteller Otto Borst spazieren, der an einem Buch über historische Schwäbinnen schrieb. Borst erklärte ihr die Schwaben: »Wir machen es nicht in Pose und Aufgebrachtsein. Wir sind sparsam auch in Ehrfurcht und Begeisterung.«

Lenz und Borst – beide Professoren. Das ehrte Großmutter. Aber was sie beide gemeinsam hatten, war für sie etwas anderes: »Alt werden und ehrlich werden und wieder einfach werden und Formeln finden, die ehrlich und einfach sind, das ist eine Menge Freundschaft, die man hinterläßt.«

Großmutter ging nochmal ins Ballett. Ballett war für sie: »auf Blumen schreiten, ohne die Stengel niederzudrücken«. Großmutter war nochmal auf dem Ernteball im Schloß Hohenheim. Und auf dem Opernball in der Alten Oper. Sie tanzte längst nicht mehr, aber sie hatte Freunde, die wußten, daß das ihre Lieblingsbälle waren. Sie ließ sich mitnehmen. Sie wollte nur kiebitzen. Wenn sie müde wurde, fuhr sie mit dem Taxi nach Hause. Sie wurde aber nicht müde. Der Opernball, Ende Januar, ist eine schwäbische Walpurgisnacht. Dreitausend Besucher geben hier in einer Nacht soviel Geld aus wie ganz Stuttgart für ein Silvesterfeuerwerk. Und Großmutter dachte: »Laß sie. Leben ist schön. Niemand weiß, wie lang es dauert. Auch das ist schön.« Und immer, wenn Großmutter Geburtstag hatte, war sie spurlos verschwunden. Niemand sollte wissen, wo sie war. Und alle wußten es: in ihrem geliebten Friedrichsbad in Baden-Baden. Es ist ein irisch-römisches Dampfbad, hundert Jahre alt, mit viel Marmor. Es war Großmutters Schönheitsfarm. Fünfzehn Badegänge. Einschließlich Seifenmassage. Und eine halbe Stunde Ruhen in einem Schlaraffenbett. Dann ging Großmutter im Löwenbräu essen. Fünfhundert Meter weiter. Den Tip hatte sie von einem Urologen, einem Professor Doktor Doktor, der das auch so macht. Weißwürste und rote Grütze mit Früchten in Rum.

Großmutter wurde neunundsechzig. Sie verbat sich jeglichen Geburtstagstrubel bis zu ihrem

Siebzigsten. Acht Wochen vorher starb sie. Sie wollte immer sterben »mit dem Seufzer unseres zweiten Königs«: »Es schmerzt sehr, von einem so schönen Land Abschied nehmen zu müssen.« Ganz hat sie das nicht mehr zusammengekriegt. Sie hatte noch einen anderen Lieblingssatz: »Hebe dein Lächeln nicht bis morgen auf.« So lag sie dann da.

DAS BISSCHEN LEBEN KANN NOCH NICHT ALLES GEWESEN SEIN

Günther Dehn gelesen (1882-1970). Er war Pfarrer in Berlin: »Ich bin nun achtzig Jahre alt, und mein Arzt hat mir, als ich über meine nachlassende Arbeitskraft klagte, klipp und klar erklärt: ›Sie müssen wissen, daß man mit achtzig schon ein wenig alt ist.‹ Man tritt aus dem Land der Lebendigen heraus. Die Jüngeren sind nun am Werk und tun ihre Arbeit mit oder auch ohne Erfolg. Bisweilen ist man ganz froh, daß man nicht mehr mitzutun braucht.« Dehn wurde 88. Es gibt einen anderen Satz. Vielleicht hätte ihn Dehn auch noch gefunden: »Freundschaft mit dem Tod, wenn man das langsam so empfindet, wer soll einem dann noch was tun?«

Herr Werner Humburg, Diplomingenieur und Architekt, entdeckte seine Kindheitswiesen wieder. An den Böschungen der Autobahnen. Herr Humburg: »Werden die ursprünglich leeren Böschungen mehr und mehr bepflanzt. Nicht bloß, daß es einfach grün ist. Wo man hinschaut, sprießen Heckenrosen, Ginster, Lupinen, Wegwarte,

Löwenmäulchen und Mohn. Alles wilde Sorten, die sich halten werden und die in unserer Kulturlandschaft sonst fast vollständig verschwunden sind. Erinnerungen tauchen auf, als diese Wildblumen und Sträucher für uns durch Feld und Wald streichende Buben noch eine Selbstverständlichkeit waren.«

Unsereiner war zunächst verblüfft: Ein Diplomingenieur zählt Blumen auf. Wahrscheinlich war es ein Stau auf der Autobahn. Nein, nein. Herr Humburg schrieb zurück: »So schön sind Staus ja nicht, um sich an Böschungen niederzulassen. Es gelingt mir nur als Beifahrer, weil meine dreizehn Jahre jüngere Frau fährt.« Alles, was zärtlich ist, ist Liebe oder Freundschaft.

Die Launen der Natur sind bekannt. Wir haben noch nicht herausgefunden, ob es in der Natur auch Mitleid gibt. Wir könnten vieles von der Natur lernen. Beispielsweise, daß man als Tanne, als Birke oder als Rose zur Welt kommt. So spielen es die Kinder: Du bist die Tanne, du bist die Birke, du bist die Rose. Dann muß die Rose aus dem Spiel, dann die Birke, dann die Tanne. Dann beginnt das Spiel von vorn. Oder wie es Großmutter wußte: »Alles im Leben ist ein Kreis. Aus dem Kreis wird ein Reigen. Und aus dem Reigen wird wieder ein Kreis. So einfach ist das. Ecken macht nur der Mensch. Wer keine Seele hat, hat Ellbogen.« Oder jeder Mensch ist wie seine Landschaft. Viel Sonne, wenig Sonne. Viel Wasser, wenig Wasser. Und auch dafür gibt es einen hübschen Satz: »Immer wieder finden sich Eskimos, die den Bewohnern des Kongo sagen, was diese zu tun haben!« Oder wieder: »Gott gibt die rechten Freunde zur rechten Zeit. Auch spät noch. Wir müssen sie nicht suchen.«

Oder wie sollen Enkel ihre Großeltern anreden: mit »Oma« oder »Opa« oder mit »Omma« oder »Oppa«? Zärtlich klingt das nicht. Unsereiner hat inzwischen selber Enkel. Sie reden ihn mit »Opa» an, weil sie wissen, daß er das nicht mag. Dann schiebt er die Brille auf die Nasenspitze. Und sie gehen in Deckung. Sie haben mittlerweile ihr Abitur.

Darf man jüngere Leute zur Zärtlichkeit anregen? Man darf es. Wenn junge Leute darauf drängen, in ihren Problemen ernst genommen zu werden, gibt es auch mildernde Umstände für alte Leute. Sie sind keine »Omas« und »Opas«. Und erst recht keine »Ommas« und »Oppas«. Es gibt viele Arten von Großeltern: die müde gewordenen, die jung gebliebenen, lustige und festgefahrene, sanfte und umtriebige, gestrige und noch blitzblanke. »Oma« ist ein bißchen wenig für ein Gesicht voller Leben. »Großmutter« oder wenigstens »Großmama«, da ist ein »Groß« mit drin. Die große Anzahl von Jahren. Das große Durchhaltevermögen. Die große Geduld mit sich und den anderen. Und wenn das auch nicht groß war, schenk es einer Frau mit grauen Haaren. Aus Freundschaft. Man soll in Zärtlichkeiten nie schlampig sein.

Jeder Tag hat Stimmungen. Wir würfeln sozusagen mit dem Tag. Das haben wir immer getan. Das tun wir auch im Alter noch. Wir sind von morgens bis abends veränderbar. Die Laus, die einem über die Leber läuft, auch im Alter noch. Ein lieber Brief. Eine Rechnung, die uns ärgert. Diszipliniert müßte man sein. Oder die Stimmung, wenn die Sonne aufgeht. Und man sieht das von seinem Hochhausfenster aus. Licht! Licht! Licht! Laß den Tag so werden. Aber es ist morgens um fünf. Man gönnt sich noch ein bißchen Schlaf und legt sich wieder ins Bett. Man wacht um elf wieder auf. Und es regnet. Wie konnte das passieren?

Gerüche lösen Stimmungen aus. Was wir als Kinder schon rochen: alles, was naß ist, wenn es regnet. Auch der Regen riecht. Und nasses Holz.

Und nasses Heu. Und nasses Leder. Und die Sonne riecht. Oder das Vesper auf dem Schulhof: die Laugenbrezel und der Apfel. Oder das Marmeladebrot, das Gsälzbrot. Man drückte die Brothälften zusammen. Das Gsälz quoll dazwischen heraus. Man schleckte es ab. Das Brot ließ man liegen. Irgendwo.

Wärst du heute auch noch so? Nein und ja. Heute ißt du Seniorenportionen. Du läßt das Gsälzbrot nicht mehr liegen, irgendwo im Schulhof. Du kriegst es erst gar nicht mehr auf den Teller. Oder die Nachmittage im September, die nach Nebel riechen und ausgeräumten Äckern. Und die Seele gilt als Stimmungsbarometer. Und niemand weiß, wo die Seele sitzt. Früher glaubte man, das Blut sei die Seele. Oder vielleicht sind es die Fingerspitzen. Die Seele sitzt vielleicht auch in den Poren. Dauernd ist in unserem Körper etwas versteckt. Und wir wissen nicht wo. »Freundschaft«, sagt der gute G., »Freundschaft ist, wofür wir Dankeschön sagen.«

Bitteschön und Dankeschön. Der Bus hielt an der Haltestelle. Türen auf. Türen zu. Der Busfahrer sah eine alte Dame auf den Bus zueilen. Er öffnete nochmal die Tür. Die alte Dame warf sich in den Sitz und schnaufte. Aber es fehlte etwas, auch wenn man noch so außer Atem ist: das Dankeschön. Wenigstens per Handzeichen. Es gibt mildernde Umstände. Die alte Dame war außer Kräften. Es gibt auch Busfahrer, die warten nicht. Dann ist es der Berufsstreß. Dann haben sie auch mildernde Umstände. Sie sind zuständig für Pünktlichkeit und für die Sicherheit der Eingestiegenen. Jeder spielt sein Spiel. Und daß es jeder spielen darf, auch das hat mit Freundschaft zu tun.

Spiel oder Sitte. Neunundvierzig Teile Minus, einundfünfzig Teile Plus: Gottes sanfte Wildnis. Oder wir alle sind komische oder tragische Figuren in einem von uns nicht erdachten Spiel. Das wieder ist eine Spielregel der Theaterleute. Sagte der gute Sch. von den Staatstheatern: »Jedes Stück auf der Bühne ist so eingerichtet.« Und auf die Frage, ob er an ein Drüben glaube in seinem Beruf, in dem man mal den Guten und mal den Bösen spielt: »Das bißchen Leben, ob gut oder böse, kann noch nicht alles gewesen sein. Da fehlt noch was. Vielleicht die Erlösung. Und für alle.« Die Russen hatten eine hübsche Sitte. Oder sie haben die Sitte heute noch: Bevor sie verreisen, setzen sie sich daheim neben ihr Gepäck, atmen tief durch und stellen sich ruhig. Sie nennen das »die Minute«. Dann sind sie wieder aufgeregt und stürmen los.

Man sollte jedem Kind einen Koffer mit einem Archiv zusammenstellen. Nicht mit dem, was man sowieso aufbewahrt, sondern mit dem, was man normalerweise wegschmeißt, weil es scheinbar keine Bedeutung hat. Und der Koffer wird verplombt. Er darf frühestens am vierzigsten Geburtstag geöffnet werden. Oder noch später. Unter welchem Hallo auch immer. Aber dann erst, wenn genügend Verständnis vorhanden ist, den Inhalt nicht auf dem Flohmarkt zu verscheuern. Sondern ihn vorher wenigstens zu sieben. Eine Menge Psychiater leben davon, solche Koffer zu öffnen, die es nie gab. Und die Dialoge zu rekonstruieren, die man als Kind nicht mitkriegte. Weil die Mutter vor dem Bett kniete, als man längst schon schlief. Sie klopfte die Decke zurecht. Und knipste das Licht aus. Morgen früh, wenn Gott will, wirst du wieder geweckt. So summte man das früher. Dann fiel einem vielleicht noch Hesse ein: »Nun geht der Tag zu Ende. Leg mir die lieben Hände um Stirn und Haar.« Laß das mal so.

GESCHENKE, DIE MAN NICHT KAUFEN KANN

Es gibt gekaufte Geschenke, die imponierend teuer sind. Zum runden Geburtstag oder zu Weihnachten. Und es gibt Geschenke, die man nicht kaufen kann. Innere Ruhe, beispielsweise, kann man nicht kaufen. Das ist eine lange Schule. Ein gelebtes Leben kann man nicht kaufen. Man kann es auch nicht wieder zurückkaufen. Ehrlichkeit kann man nicht kaufen. Oder daß man immer wieder in sich aufräumt. Aufgeräumte Menschen sind meist sympathische Menschen. Wir wünschen uns, eine sympathische Erscheinung zu sein. Bloß, wer schenkt uns das, wenn nicht wir uns selbst? Und auch das ist eine lange Schule. Oder: »Herr, gib mir die Gelassenheit, Dinge hinzunehmen, die ich nicht ändern kann; gib mir den Mut, Dinge zu ändern, die ich ändern kann; und die Weisheit, das eine vom andern zu unterscheiden.« Viele kleine Sätze sind viele kleine Botschaften. In ihnen stecken viele kleine Freundschaften.

Unsereiner geht auf die Siebzig zu und ist immer noch ein unordentlicher Mensch. Er trägt beispielsweise immer noch sein Geld lose in der Hosentasche. Das hat den Nachteil, daß die Scheine zerknittern. Bei einem Zehnmarkschein ist das nicht schlimm. Bei einem Fünfzigmarkschein ist das schon schlimmer. Man streicht ihn glatt und entschuldigt sich, bevor man damit bezahlt.

Und es sammelt sich auch immer mehr »Zettelgruscht« daheim an. Und die Zettel kann man nicht einfach wegwerfen, weil auf jedem Zettel etwas draufsteht. Auch daran merkt man, daß man alt wird. Oder umgekehrt: Wenn man alt wird, bekommt man mehr Botschaften. Man notiert sich Lebenserfahrungen anderer. Da steht dann auf so einem Zettel: »Herbei mit der Heiterkeit!« Man schrieb es auf, weil es eine hübsche Formulierung ist. Als rufe das der Narr bei Shakespeare in den Zauberwald. Auf einem anderen Zettel steht, wie feine Köche ihre Salate machen: »mit Himbeeressig und Walnußöl«. Das ist nicht nur ein Kochrezept, das gilt auch für Lebensart. Und für Freundschaften. Wenn man das nicht aufschreibt, vergißt man es wieder. Und wenn man es aufschreibt, werden es immer mehr Zettel. Ein ordentlicher Mensch würde daraus einen Zettelkasten machen. Mit einem Stichwortregister. Aber damit gewöhnt man sich System an. Und Freundschaft im Alter ist auch, daß es kein System mehr braucht. Dann ist man ein ordentlicher Mensch und findet keine Botschaften mehr. Oder ein anderer Zettel: »Die nächste Sintflut besorgt der Mensch.« Oder: »Nie wieder Erdbeben!« Oder: »Der Terror der Humorlosen.« Oder: »Es wird immer mehr Generale geben als Dichter.« Oder: »Der falsche Stimmungskult beim Krimi.« Und wenn man die Zettel wegwirft, sind die kleinen Botschaften fort. Und wenn man sie in einem Zettelkasten ordnet, auch.

Nicht jede Botschaft bedeutet Freundschaft, aber wenn sie uns mahnt oder warnt oder wenn sie uns vor Schaden bewahrt, gleicht sie der Stimme eines guten Freundes.

»Je älter ich werde«, sagt der gute J., »desto anspruchsvoller werde ich. Das hat nichts mit Geld zu tun.« Er sammelt Eindrücke, oder wie er es nennt: »Bilder, die man nicht kaufen kann«. J. war vierzig Jahre beim Statistischen Amt. Er wollte eigentlich Journalist werden. Das ging nicht in Erfüllung. Jetzt geht er dauernd spazieren und sucht »Bilder, die man nicht kaufen kann« und die nur er so sieht: »Eine Turmuhr, viertel vor fünf am Nachmittag, und eine Taube, die auf dem langen Zeiger sitzt. Und weil der Zeiger höher rückt, flattert die Taube weg. Schiefe Zeiger mag sie nicht. Oder derselbe Zeiger im Winter. Dann hängen Eiszapfen dran. Mal nach unten, was normal aussieht. Dann stehen diesselben Eiszapfen nach oben, was verrückt aussieht. Ein Fahrrad, das an einem Hochhaus lehnt. Ein Hahn im Nußbaum. Oder Kirschen im Regen. Und an jeder Kirsche hängt ein silberner Tropfen.«

Die Familie von J. war zunächst ein wenig besorgt. Wie viele Angehörige vielen alten Leuten die Fantasie nicht zutrauen, die noch einmal aus ihnen heraussprudelt. Oder das noch einmal neue Liebesbedürfnis, von dem man selber nichts weiß, ehe man alt ist. Wenn ein Rentner zu malen anfängt, das kann man kontrollieren. Aber wenn es innere Bilder sind, das kann man nicht kontrollieren. Sagt J.: »Irgendwann brauchst du kein Bundesverdienstkreuz mehr. Auf der ersten Wolke ist es hübscher. Die kann man auch nicht kaufen. Und die bekommt man auch verliehen. Ich kenne jemand, der zum Staatsschauspieler ernannt wurde. Und eine Kollegin, die schon Staatsschauspielerin war, gratulierte ihm: ›Willkommen in unserem Kreise. Ein fester Parkplatz wäre Ihnen wahrscheinlich lieber gewesen.‹ So ähnlich ist das, wenn ich meine Bilder finde.«

Oder was alles nebeneinander besteht, weil jeder zurückläßt, was er erfunden hat. Und was wir nicht zu schätzen wissen. Wie niemand zu schätzen weiß, in welchem Alter er jeweils lebt, ehe er weiterrückt. Man registriert es immer erst hinterher. Dann ist man schon auf wieder einem anderen »Trip«.

Wenn man sommers im Mineralbad liegt, sieht man zuweilen einen Werbezeppelin am Himmel. Dann taucht ein Fesselballon auf. Dann wieder ein Hubschrauber, weil im Stadion nebenan ein Fußballspiel ist. Lauter Verwandte. Dann kurvt ein Doppeldecker mit einem Reklameband über der Stadt. Das Wetteramt läßt viermal täglich einen Meßballon auf, bis er in 30 000 Meter Höhe platzt. Dann hat er seinen Zweck erfüllt. Zeppelin und Fesselballon sind noch Verwandte aus der Zeit um die Jahrhundertwende. Inzwischen gibt es Jumbos, Satelliten und Weltraumfähren. Es ist unglaublich, was sich da alles über uns tummelt. Und darunter streiten sich die Stare mit den Möwen. Oder man kann in ein Konzert gehen, oder man macht Hausmusik wie früher, oder man hört Musik per Schallplatte, per Tonband, per Radio. Lauter Verwandte. Alles entstand durch Erfindungen, Wettbewerb, Wohlstand und Bedarfsweckung. Gas und Elektrizität kamen ziemlich rasch hintereinander. Sie haben die Stadt verändert, wie vorher die Eisenbahn die Stadt veränderte, und dann kam das Auto. Lauter Verwandte.

Und jeder Erfinder mußte das hierlassen. Heute gibt es alles zusammen. Die Fotografie schien die Malerei zu verdrängen. Es gibt keine Laternenanzünder mehr. Dafür gibt es Ampelputzer. Und es gibt wieder Schaben. Und wo? In den Computern. Weil die Computer für die Schaben so nett warm sind. Und um den Neubau eines Computerkonzerns wurde ein Erdwall errichtet. Mit einem Zaun. Niemand darf in den Konzern ohne Kontrolle. Und unter dem Erdwall unter dem Zaun haben sich Feldmäuse eingenistet. Und sie blinzeln aus ihren Mauselöchern, als sei jede Feldmaus ein Wachsoldat. Freundschaft mit dieser supermodern gewordenen und immer noch unvollkommenen Welt.

Diderot vor zweihundert Jahren über Freundschaft: »Man weiß im Leben weder, worüber man sich freuen, noch worüber man betrübt sein soll. Das Gute führt das Schlechte und das Schlechte das Gute mit sich. Wir sind gleichermaßen unvernünftig in unseren Wünschen, in unserem Kummer, und unseren Freunden gegenüber. Wenn ich weine, finde ich oft, daß ich ein Narr bin.« Diderot war Philosoph. Unsereiner ist keiner. Er kennt einen Weg in der Schweiz. Dreitausend Meter hoch. Das war viele Jahre sein Osterspaziergang.

Blendend weißer Schnee mit Sonne. Am Ende des Weges steht eine Unterkunft. Helle, graue Steine. Dort geht es nicht weiter. Man blickt ins Tal. Das wäre so ein Grenzpunkt, welcher ...

Freundschaft so grob wie bei Benjamin Constant: »Ich habe mir soeben einen Hund gekauft. Wenn er nicht gerade die Tollwut bekommt, so wird er mich sicherlich nicht beißen oder mir anderen Schaden zufügen. Von denen, die ich meine Freunde nenne, könnte ich das nicht behaupten.« Das Thema gibt es heute noch, der Rentner und sein Hund.

Schopenhauer schwärmte über Freundschaften: »Das ist eine rechte Herzensstärkung im Alter, wo uns die Freunde fast alle weggestorben sind, daß wir neue und junge Freunde finden.« Oder lieber Hebbel: »Der Tod eines heißgeliebten Menschen ist die eigentliche Weihe für eine höhere Welt. Man muß auf Erden etwas verlieren, damit man in jenen Sphären etwas suchen kann.«

Praktische Freundschaft ist, wenn eine Freundin anruft: »Was macht dein Kreuz? Bleib liegen. Ich komm vorbei und mach deine Kehrwoche.« Oder: »Ich weiß, wo es frischen, zarten Spargel gibt. Wenn du willst, bring ich dir welchen mit.« Das ist nicht Literatur und nicht Philosophie über

Freundschaft. Das ist Klartext am Telefon. Und schöner als bei Diderot.

Geteiltes Leid, halbes Leid. Zwei Witwen, ein Telefon, ein Auto. Und was man damit alles anstellen kann. Und wie man noch lachen kann miteinander, ohne ein schlechtes Gewissen haben zu müssen. Wer lebt, der lacht auch. Sonst lebt er nicht mehr. Oder eine Gruppe von Witwen. Oder ein Witwer und eine Witwe, die nicht noch einmal heiraten möchten. Man geht im Alter wieder auf die kleinste Einheit zu. Auf sich selbst, allein. Und man muß nicht mehr so einsam sein wie früher. Es gibt wunderbar viele Kontaktgemeinschaften: jede Menge Veranstaltungen, Ausflüge, Altenberatungen, Altenbetreuung, Altenremmidemmi. Wer Remmidemmi nicht mag, wird etwas Besseres finden.

Oder wie die gute D. sagt: »Raus aus deiner Wohnung! Jeden Tag! Bewegen! Bewegen! Bewegen! Und daß du jemand hast, mit dem du so oft wie möglich spazierengehen kannst! Oder wenigstens telefonieren! Und seufze nicht dauernd! Und rede nicht immer über deine Krankheiten! Und werde nicht vernünftig! Bleibe lieber unvernünftig! Ich hatte mal eine Freundin, die kaufte sich einen neuen Wintermantel. Am nächsten Tag war sie tot. Wie schön, daß sie sich noch traute, einen neuen Wintermantel zu kaufen. Und ich kannte einen Schriftsteller, der wollte sich einen neuen Anzug kaufen, aber es gefiel ihm keiner mehr. Es gibt auch ein Alterselend. Ich habe gelernt: Alter kann eine Bevorzugung sein oder eine Gnade oder eine Prüfung oder ein Geheimnis. Meine älteste Freundin ist neunzig. Sie schimpft jeden Tag: ›Herr, hör auf mit deinem Segen! Immer bloß bei mir!‹ Und dann geht sie wieder zum Friseur.«

EIN REGENBOGEN BITTET UM ENTSCHULDIGUNG

Versuch einer Ordnung. Wenn man alt wird, möchte man das wissen, wer vor wem gilt. Erstens die Kinder. Es gibt nette und scheußliche Kinder, aber Kinder haben mildernde Umstände, solange sie sich nicht selber wehren können oder dürfen. Das gilt auch für ihre Unarten und Ängste. Dann die Behinderten, körperlich und/oder geistig behindert. Die Natur hat ihnen etwas vorenthalten oder weggenommen. Sie kuscheln sich an jeden, den sie finden. Und andererseits, wenn sie aggressiv sind und Tapeten abreißen, dies ist auch in ihnen: der Kampf mit sich selbst. Dann die Kranken. Kranksein ist auch eine andere Art von Behindertsein. Man hat Schmerzen. Man ist schwach. Man liegt mit einer körperlichen Krise zu Bett. Und man liegt vor allem. Wenn der Körper nicht steht, ist er nicht der Körper, den wir gebrauchen können und der uns weiterbringt. Dann die alten Leute und die Einsamen. Im Alter kommt zum Vorschein, wie man viele Jahre gelebt hat, ob geistig oder körperlich mobil, ob auf Gesundheit oder auf Erfülltheit aus. Was macht einen zufrieden, wovon kann man zehren? Jeder darf, in einer Freiheit wie noch nie, aber nicht jeder kann es. Früher waren alte Leute geehrte Menschen, wenn sie auch nicht immer recht hatten in ihrer Ehre. Heute sind alte Menschen meist stille und leise Leute. Dann: die Mütter und die Frauen, als wachsende Gegenkraft zur männlichen Welt. Es gibt nichts typisch Männliches und nichts typisch Weibliches, außer daß der Mann zeugen, aber nicht gebären kann, und umgekehrt. Die weibliche Rolle der Natur ist, den Mann anzulocken und die Art zu erhalten. Das ist ein bißchen durcheinandergekommen. Es kann so bleiben. Es muß nicht so bleiben. Auch die Natur hat ihre Moden. Dann: die Menschen im Gefängnis. Und daß sie dort nicht vollends verhärten. Dann die Arbeitslosen. Damit sie nicht auch verhärten. Dann: alle, die sich selber helfen können. Hier wieder gehen die Bemühten vor, die Rücksichtsvollen, die Ehrlichen. Und wer mehr lacht als jammert. Den Menschen zu verstehen ist sozusagen eine Aufstellung von hinten herein. Die Starken machen den Umtrieb. Die Schwächeren bestimmen die Reihenfolge. Das mit den Starken darf so sein. Leben ohne Kraft wäre nicht Leben. Und Leben nur mit Kraft auch nicht. Und auch, wer sich selbst helfen kann, hat Probleme. Und auch ein Weiser ist nur ein Mensch, wobei es wieder den hübschen Zweifel gibt, daß man einen Weisen erst mal wütend sehen müßte, um zu wissen, wie weise er ist.

Im Omnibus. Der Bus war voll. Unter denen, die stehen mußten, war ein Mütterle zwischen sechzig und siebzig. Man kennt das, wenn solche Mütterle im Omnibus stehen müssen. Es macht ihnen nichts aus. Es macht sie eher verlegen. Und die, die sitzen, tun so, als können sie auch nichts dafür. Man guckt aneinander vorbei. Das Mütterle stellte seine Einkaufstasche ab. Es stand ein Mädchen auf. Aber bevor das Mütterle kapierte, daß das Mädchen ihr den Platz anbieten wollte, saß schon eine attraktive Dame darauf. Dann bremste der Bus. Und das Mütterle wäre beinah umgepurzelt. Weil sich das Mütterle auch nicht festhielt. Dann stand ein Ausländer auf. Und das Mütterle saß. So verläuft eine Geschichte. Mal sind mehr nette Leute unterwegs. Mal weniger.

Apropos: nette Leute unterwegs. Pfarrer Johannes Kuhn, bekannt geworden als Rundfunkpfarrer, Fernsehpfarrer und Buchautor, war auf Kreuzfahrt in der Ägäis, wo er mit anderen Pfarrern beider Konfessionen die Reisenden betreute. Bisher meist mit Monsignore Anselm (Graf von) Adelmann. Und der gute Pfarrer Kuhn brachte eine herrliche Geschichte mit.

Ein Mädchen vermißte an Bord seinen Koffer. Der Koffer war nicht mit eingeschifft worden. Keine Zahnbürste, keine Seife, keine Sonnenkleidung. Alles sorgfältig in den Koffer gepackt und dann plötzlich verschwunden. Ein Sterntalerkind. Man tröstete das Mädchen und veranstaltete eine Sammlung, damit sich das Sterntalerkind an Bord das Nötigste nachkaufen konnte. Das Mädchen war überrascht von soviel Hilfsbereitschaft. Es ging auch ohne den Koffer. Und am Ende war der Koffer sogar wieder da. Er war versehentlich in die Kabine der beiden Pfarrer geraten und stand dort die ganze Zeit herum. Der evangelische Pfarrer dachte, der Koffer gehöre dem katholischen Pfarrer. Und der katholische Pfarrer dachte, der Koffer gehöre dem evangelischen Pfarrer. Sie hatten beide für den vermißten Koffer des Mädchens mitgespendet, aber ihre Kabine war eine ökumenische Kabine. Da fragt man den Bruder nicht, warum er seinen Koffer nicht aufmacht. Und das Mädchen, das gelernt hatte, einem verlorenen Koffer nicht nachzuweinen und was Gemeinschaft bedeutet, dieses Mädchen erhielt seine Reiseausstattung unberührt zurück. Gewaschen und gebügelt wie am ersten Tag.

Es ist eine Kurzgeschichte, fast so perfekt wie die Kurzgeschichten des unvergeßlichen O'Henry.

Und es ist alles drin: der Zustand des Jungseins und ein Hauch von Krimi. Etwas ist abhanden gekommen, aber die Sache verläuft anders. Und wie sich das dann enträtselt. So leicht, wie man eine Schleife aufzieht. Oder Freundschaften passieren auch unverhofft. Man muß nur die richtigen Paten haben.

Eine Tony Baur-Breitenfeld (27) heiratete 1875 den Geheimen Hofrat Karl Friedrich Schumacher (45) in Stuttgart. Das hätte auch in jeder anderen Stadt sein können. Tony Schumacher wurde aber eine beliebte Kinderbuchautorin. Sie fing mit 40 an zu schreiben und schrieb 36 Bücher. Ihre Mutter war die Tochter des Württembergischen Staatsministers Freiherr von Kerner. Ihr Vater war General der Artillerie. Ihr Anliegen als Kinderbuchautorin: »Daß man einigermaßen zufrieden auf dem Platz bleiben soll, auf den man gestellt wird oder auf den man sich selber gestellt hat.« Das war damals die Moral. Und wenn nicht alles täuscht, ist das auch heute noch ein bißchen so. Sie ging mit ihrer Nichte spazieren und zeigte ihr das Schillerdenkmal vor dem Alten Schloß in Stuttgart: »Das war der Mann, der wunderbar schöne Gedichte schrieb.« Die Nichte legte ein Schokoladengutsle am Denkmal nieder: »Da, du lieber Schiller, damit du auch was hast.« Tony Schumacher, als sie 80 wurde: »Ich schäme mich fast, daß ich noch so gern lebe.« Sie starb 1931 als Betreuerin einer Kinderheilanstalt in Ludwigsburg. Man kann Freundschaften durch Bücher auch vererben.

Augenblicke: die Montagmorgenmaschine von Stuttgart nach Frankfurt/Main. Fast nur Männer. Mit Schlips und Kragen und Diplomatenköfferchen. Eine neue Woche. Geschäftlich unterwegs. Und alle vorschriftsmäßig angeschnallt zum Start. Und alle sehen der Stewardeß zu, wie sie die schwere Eingangstür mit den schweren Hebeln und den schweren Bolzen verriegelt. Ein Kraftakt. So gar nichts für eine Dame. Und die Männer alle wie Kavaliere 1. Klasse gekleidet. Und keiner hilft der Dame, weil man das nicht darf. Es tut weh, die Stewardeß so hebeln zu sehen, aber so will es die Vorschrift. Oder ein Boxer im Ring siegt durch K.o. – Er fällt vor Freude auf die Knie und bekreuzigt sich. Oder ein Gewitter haut die Baumblüte zusammen . . . und ein Regenbogen bittet um Entschuldigung.

FREUNDSCHAFT IST WIE EIN PUZZLE

Frau L. schaffte sechzig Jahre lang in einem Elektrogeschäft. Sie war die Perle der Firma. Früher nannte man die Elektrogeschäfte noch Beleuchtungsgeschäfte. Zu der Zeit, als folgendes geschah, war Frau L. noch ein Fräulein: »Da kam eines Tages eine Dame und kaufte eine Tischlampe. Leider gefiel ihr der Schirm nicht. ›Fräulein‹, sagte sie, ›ich bin zehn Jahre älter als mein Mann. Er muß das abends nicht mehr sehen.‹ So überzogen wir einen Schirm. Wir suchten die Farben aus und wählten zartrosa Seide mit champagnerfarbenem Chiffon. Die Dame war begeistert.«

Dies ist eine winzige Novelle einer Verkäuferin vor sechzig Jahren. Damals noch Fräulein. Kaum jemand schreibt heute mehr Novellen. Sagt die gute Frau Anneliese Rall: »Habe ich wieder was gehört, was mir sehr gefallen hat: Man soll nie anfangen aufzuhören und nie aufhören anzufangen. Wundert euch also nicht, wenn ich morgen wieder auf einen Baum klettere.« Frau Rall ist heute über 80.

Eine hübsche Frage entdeckt: »Wieviel Welt braucht der Mensch?« Es stand keine Antwort dabei. Man braucht seine private Welt. Privat ist wichtiger als alles andere. Heimkommen, Tür zu, umschalten, vertraute Menschen, zusammen reden oder schweigen, die Wochenenden, die Urlaube. Das macht man nicht mit jedem. Und man braucht die Welt in sich selbst. Was wäre Leben, ohne daß man es ständig spürt, ohne Lust oder Schmerzen oder Überraschungen. Es soll rumoren. Auch im Alter noch. Man braucht seine Stadt als Welt, die einem im Alltag die große Welt ersetzt. Hier in dieser Stadt passiert das, was überall passiert: Es bricht immer mal wieder der Verkehr zusammen. Staatsbesuche und Feste. Es gibt Eitelkeit und Zärtlichkeit. Und jeder tut was. Und schimpft. Man müßte mal untersuchen, ob frühere Generationen auch soviel geschimpft haben. Wahrscheinlich ja. Wenn vielleicht auch nicht so laut. Und die große Welt, wer kennt sie schon? Es gibt 160 Länder. Und man war mal dort oder dort. Die meisten Menschen sterben, ohne je eine eigene Meinung gehabt zu haben. Es gibt wundersame Länder, aufregende Städte, Strände wie im Märchen. Die große Welt bleibt für die meisten Menschen ein Luxus. Obwohl noch nie soviel Leute reisten wie heute. Die Gegenfrage wäre:

Wieviel Welt verkraftet der Mensch? Er hat ja noch eine Welt vor sich.

Nicht reizen. Keinen Neid. Sanft bleiben. Es gibt die kleine Geschichte über schlechte Laune: Der Chef wird beim Frühstück von seinem Hund gebissen. Der Chef läßt sich ins Büro fahren und kanzelt seine Sekretärin ab. Die Sekretärin kanzelt die Abteilungsleiter ab. Die Abteilungsleiter kanzeln ihre Abteilungen ab. Der Chauffeur geht mit dem Hund spazieren. Der Hund beißt den Chauffeur. Der Chauffeur gibt dem Hund einen Tritt. Dann beißt der Hund wieder den Chef.

Die meisten Menschen sind friedlich oder zumindest streitfaul. Aber jeder hat mal seine schlechte Laune. Dann dampft die Seele. In gute Launen kann man sich nicht hineinsteigern, aber in schlechte Launen. Es gibt beschwingte und verhagelte Tage. Der eine fängt seine schlechte Laune mit Selbstbeherrschung auf. Der andere poltert los. Und dann ist auch noch Föhn. Wäre der Mensch nur Geist, wäre vieles einfacher. Dann hätte er keine Erkältungen, keine Zahnschmerzen und weniger schlechte Laune. Aber der Mensch hat einen Körper. Und man möchte jeden trösten: Laß den Kreisel brummen. Das ist wie beim Schluckauf. Dreimal leer dagegenschlucken, dann ist er weg. Und falls er nicht weg ist, hast du nicht richtig geschluckt. Schlaue Leute schaffen sich gute Laune, indem sie Leute mit schlechter Laune studieren.

Sagt der gute Heinz Kilian, Altmeister der Moderatoren beim Süddeutschen Rundfunk, 74: »Die Granaten schlagen immer näher ein.« Er steht wie ein Admiral unter der Heißdusche im Mineralbad und taucht anschließend ins eiskalte Schwimmbecken.

Frau Eva K. wohnt in einem Hochhaus und hatte sich beim Rasenmähen im Garten den Fuß verletzt: »Gipsbein und Krücken. Meine Hilflosigkeit sprach sich innerhalb kürzester Zeit auf geheimnisvolle Weise herum. Mein lebhafter Cockerspaniel wurde morgens geholt und abends zurückgebracht. Jeden Mittag bekam ich ein warmes Essen. Meine Kochnachbarin aß mit mir, um mir Gesellschaft zu leisten. Nachbarn kauften für mich ein und besorgten Medikamente. Mein Mann fand beim Heimkommen selbstgebackenen Kuchen, frische Erdbeeren, Marmelade, Briefe und Blumen neben der Wohnungstür vor.« Frau K.: »Unsere scheinbar so menschenabweisenden Hochhäuser.«

Der gute B. steckte vier Markstücke in den Automaten, zog ein Päckchen Zigaretten heraus, und es fiel ihm dabei ein: »Das sind Geräusche, die früher keiner kannte. Viermal klick und einmal zack.« Also suchten wir alte und neue Geräusche zusammen. Es gab die Registrierkassen mit ihrem zierlichen Gepolter. Und das Glockenspiel über der Ladentür. Heute gibt es den Gong auf dem Flughafen und den Gong auf dem Hauptbahnhof, die eine Durchsage ankündigen. Das wiederum war früher der Büttel mit der Schelle und mit seiner strammen Vorlesestimme. Alte Schreibmaschinen klappern noch so, als brächen sie gleich zusammen. Der Wecker rasselte früher, als habe ihn ein Hauptfeldwebel für Zivilisten erfunden. Heute summt der Wecker, oder er schaltet um auf Musik. Vor dem Auto gab es das Pferd, und die Stadt war voll von Pferdegewieher, Hufgetrappel und Peitschenknallen, von knarrenden Fuhrwerken, hurtigen Kutschen und holpernden Rädern auf Sandwegen oder auf dem Kopfsteinpflaster. Es gab die Lokomotive, die aus dem Bahnhof fauchte. Dafür gab es noch keine Hubschrauber, noch keine Autorennen und noch keine Elektrobohrer für Betonwände. Laut war das Leben aber schon immer.

Bevor die Kreppsohlen aufkamen, nach dem letzten Krieg, aus Amerika, gab es die Ledersohlen rundum mit Bergnägeln. Das leiseste Geräusch war das Anspitzen eines Bleistifts mit dem Federmesser. Das hörte man erst, wenn das Messer den Graphitstift wetzte. Die meisten Geräusche sind Zeiterscheinungen. Es gibt noch die Luftschutzsirenen. Es gab früher die täglichen Sprengungen in den vielen Steinbrüchen um die Stadt. Dafür gibt es im Binnenland keine Nebelhörner wie in den Hafenstädten, wo es nächtelang tutet, alle paar Sekunden. Unsere Autofahrer hupen wenig, verglichen mit anderen Ländern, wo Hupen Temperamentssache ist. Die Bänkelsänger früher. Heute die Verstärkeranlagen, die einem die Musik um die Ohren hauen. Und dann ist es auch noch eine Blaskapelle. Die Türen fielen früher schwerer ins Schloß. Und es gab noch die riesigen Schlüsselbunde. Früher die Sense, und wie sie gedengelt wurde. Heute der Notarztwagen. Jemand, der vor hundert Jahren gelebt hat, könnte auf dem Tonband eine Menge Geräusche nicht erkennen, weil er sie nie gehört hat. Und umgekehrt: Würden Sie auf einem Tonband das Sporenklirren der jungen Leutnante um die Jahrhundertwende erkennen? Das Sporenklirren vielleicht, aber wer damit gemeint war: der Vorgesetzte oder eine schöne Dame. Es war eine ganz bestimmte Art zu balzen. Dienstlich oder nicht dienstlich.

Der gute B. war schon wieder hinter einer anderen Sache her: »Daß es in der Schule bis Mitte der dreißiger Jahre die Noten acht bis eins gab. Die Note eins war die schlechteste.« Das wieder wußte Frau Ruth-Rebekka K., Jahrgang 1920, noch exakt: »Für Kenntnisse und Fähigkeiten in den einzelnen Fächern; vorzüglich (vzgl. = 8), sehr gut (sgt. = 7), gut (gt. = 6), befriedigend (bf. = 5), genügend (gn. = 4), nicht ganz genügend (ngg. = 3), ungenügend (ug. = 2), ganz ungenügend (gug. = 1). Für Verhalten, Fleiß und Aufmerksamkeit: vorzüglich I, gut II, befriedigend III, unbefriedigend IV.« Die Noten wurden dann im sogenannten Dritten Reich 1937 umgestellt: sehr gut 1, gut 2, befriedigend 3, genügend 4, nicht genügend 5. Unsereiner hatte einen Sondervermerk: »Kann, wenn er will.« Dagegen konnte der Vater nicht viel sagen, weil unsereiner schwor: »Ich will ja!«

Freundschaft ist, wenn jemand ein Thema anfängt. Und jeder weiß etwas. Dann strickt man das zusammen. Oder legt es ineinander. Wie beim Puzzle. Allein hätte man das nie geschafft.

FREUNDSCHAFT MIT KLEINEN SCHÄTZEN

Herr Otto R. (90) über Pusteblumen: »Wir Esslinger Buben sagten nicht ›Pusteblumen‹, sondern nannten diese Samenkugeln ›Lichter‹. Wir pflückten die Lichter, bliesen sie aus, damit wir den blanken Stengel hatten. Diesen Stengel kürzten wir auf eine Länge von etwa acht Zentimeter, drückten ihn oben leicht zusammen und hatten eine herrliche Hupe. Den Ton konnte man ändern, indem man den Stengel immer kürzer zwickte.« Herr Otto R. wurde später Bankdirektor.

Bei Hebbel gelesen: »Der Greis wird wieder Kind, aber für die Welt jenseits von uns.« Oder ein russisches Sprichwort: »Was fürchtest du den Tod, Väterchen? Es hat ihn ja noch keiner erlebt.«

Was klingt besser: »Ältere Leute«, »Senioren« oder »Alte Leute«? Wir leben in einer Zeit der Wortkosmetik, sagen »Raumpflegerin« statt »Putzfrau«, »Landwirt« statt »Bauer«, »Stukkateur« statt »Gipser«. Das muß nicht falsch sein. »Ältere Leute« oder »Senioren« klingt freundlicher. »Alte Leute« klingt ehrlicher. »Ältere Leute« hat mehr Zierde. »Alte Leute« hat mehr Würde. Sagte Frau P. (50): »Wenn ich später alt bin, möchte ich alt sein.« Es gibt junge Alte und alte Alte. Das ist so ähnlich wie mit Weihnachten: Jeder feiert so, wie er es gelernt hat.

Die Zeit läuft. Die Uhr zählt. Neunundfünfzig, sechzig, eins. Ohne Naht. Und die Uhr täuscht vor, daß alles wieder von vorn anfängt, so leicht wie sie zählt. Neunundfünfzig, sechzig, eins. Ohne Naht. Und daß alles wieder von vorn anfängt, stimmt auch. Der Sekundenzeiger gibt es an die größeren Zeiger weiter. Nach 24 Stunden tun die größeren Zeiger, als sei nichts gewesen. Dann tickt der Kalender um einen Tag weiter. Das waren schon unsere Raumflüge, als es noch keine Raumflüge gab. Dann tickt wieder die Uhr. Neunundfünfzig, sechzig, eins. Ohne Naht. Wasser fließt nicht bergauf. Die Zeit tickt nicht zurück. Es gibt Ebbe und Flut nicht nur am Meer, sondern auch in uns selbst. Was wir wissen, ist ein Tropfen. Was wir nicht wissen, ist ein Ozean voller Tropfen. Wir lachen und weinen. Und bis wir wieder lachen oder weinen, kann ein halbes Leben vergehen. Derweil lachen und weinen andere. Neunundfünfzig, sechzig, eins. Ohne Naht. Die Zeit hat keine

Naht. Die Uhr hat keine Naht. Wenn wir älter werden, ist zwischen sechzig und eins doch eine Naht. Und die Uhr täuscht vor, daß sie schneller tickt als früher. Vor dem Gesetz sind nicht immer alle gleich, aber vor der Zeit. Neunundfünfzig, sechzig, eins.

Frau G. brachte ein Paket zur Post. Für ihre Tochter in Amerika. Viele Leute benutzen zum Tragen verschnürter Pakete immer noch die alten Pakethenkel der zwanziger Jahre mit dem Holzgriff. Frau G. vergaß, ihren Holzgriff abzumachen und war ganz gerührt, als sie von ihrer Tochter hörte, das Paket sei drüben angekommen. Samt dem alten Pakethenkel. Als Frau G. wieder Geburtstag hatte, kam ein Eilbrief aus Amerika. Inhalt: der alte Pakethenkel. »Kleine Geschenke erhalten die Freundschaft.« Auch so ein schöner, kleiner Satz.

Eine Dame (70) aus der früheren DDR kam zu Besuch. Damals gab es die Mauer noch. Der Besuch ließ sich mitnehmen in eine Gartenwirtschaft, wo man Kaffee trinken und vespern kann. Hunger und Durst hatte der Besuch wenig, aber die Dame war fasziniert von unseren Plastikhäfele für einmal Milch zum Kaffee. Überhaupt von unseren

Winzigportionen, »die so edel verpackt sind«. Winzigbutter, Winzigkäse, Winzigmarmelade, der Würfelzucker und die Senftüten. »Man möchte es gar nicht aufmachen«, sagte die Dame. Und sie wünschte sich: Sie möchte drüben mal zur Kaffeetafel einladen, den Kaffee koche sie selber, den Kuchen backe sie auch selber, aber der Tisch solle voll sein mit diesen wunderbar verpackten Winzigportionen. Alles, was klein ist und glitzert. Wie ehedem in der Puppenstube. Inzwischen gibt es keine Mauer mehr, aber den Versuch einer neuen Freundschaft: die »Ossis« und die »Wessis«.

Als die »Ossis« noch von unseren Winzigpakkungen schwärmten, die für »Wessis« längst nichts Besonderes mehr waren, flogen die »Wessis« nach Südafrika und spielten dort das gleiche Spiel. In den dortigen Edelsteinschleifereien gibt es Kaufläden mit Halbedelsteinen. Und obwohl Halbedelsteine nur mindere Edelsteine sind oder gar keine, wühlen in diesen Kaufläden phantastisch viele Frauen mit ihren Fingerspitzen in den glitzerbunten, polierten Steinchen herum. Das Paradies der Kindheit. Wie damals in der Puppenstube. Freundschaft mit kleinen Schätzen. Jeder hat mildernde Umstände mit seinen kleinen Schätzen.

Bei Albert Schweitzer gelesen: »Die Ideen, die das Wesen und das Leben eines Menschen bestimmen, sind in ihm auf geheimnisvolle Weise gegeben. Wenn er aus der Kindheit heraustritt, fangen sie an, in ihm zu knospen. Wenn er von der Jugendbegeisterung für das Wahre und Gute ergriffen wird, blühen sie und setzen Frucht an. In der Entwicklung, die wir nachher durchmachen, handelt es sich eigentlich nur darum, wieviel von dem, was unser Lebensbaum in seinem Frühling an Frucht ansetzte, an ihm bleibt.« Schweitzer (1875-1965) war der Urwalddoktor in Lambarene. Während die Weimarer Republik witzelte: »Jeder denkt nur an sich. Ich nicht. Ich denke an mich«, war er Tropenarzt, weit weg von Deutschland, gegen Lepra und Schlafkrankheit. 1957 erhielt er den Friedensnobelpreis. Schweitzer über Freundschaft: »Ehrfurcht vor dem Leben.«

Entdeckungen sind Freundschaften. Oder immer noch, immer neu sehen lernen. Sagte die gute Z.: »Bei den Versuchsgärten der Universität Hohenheim habe ich eine hübsche Szene gesehen. Dort holten die Gartenleute die letzten Äpfel von den niedrigen Bäumchen. Sie pflückten die Äpfel wie von einem Strauch. Die hohen Bäume, für die man Leitern braucht, gibt es dort nicht mehr.

Dicht daneben wurde die Fahrspur für die Straßenbahn verbreitert. Wir machen die Bäume kleiner und die Fahrzeuge riesiger. Das Äpfelsammeln sah seltsam zierlich aus. Und die Streckenarbeiter dahinter wirkten wie Sträflinge im Steinbruch.« Als der gute Z. noch lebte, hielt er so gar nichts von seiner Frau: »Sie hat keine Augen im Kopf.«

Der gute S. meditierte über die Hausarbeit: »Seit ich Rentner bin, habe ich das Staubsaugen und Fensterputzen übernommen. Ich schenkte mir einen neuen Staubsauger zu Weihnachten. Staubsaugen ist kein Problem, weil wir Teppichböden haben. Ich betrachte das als Gymnastik. Und das Fensterputzen auch. Mal bin ich gut im Fensterputzen. Mal bin ich schlecht. Ich konnte mich nie leiden, wenn ich schlecht war. Wenn ich irgendwo einen Fensterputzer sehe, bleibe ich stehen und gucke ihm zu.« Merken Sie was: vertauschte Rollen auch im Alter noch. Freundschaft mit dem neuen Blick.

FEHLER SIND DER SCHNITTLAUCH AUF UNSEREM BUTTERBROT

Jeder Mensch macht Erfahrungen. Ob er sie auch verwertet, ist seine Sache. Es gibt Einzelerfahrungen. Sie ähneln der Innenkruste bei Cognacpralinen. Es ist der geronnene Zucker. Wenn man ihn zerbeißt, knirscht es. Aber die Zunge mag das. Es gibt auch Gemeinschaftserfahrungen: politische Krisen, Unruhen, Umstürze, Bombennächte. Es könnte eine Erfahrung werden, daß der Wohlstand mit denen wieder verschwindet, mit denen er gekommen ist. Man weiß noch nicht, wenn man zum erstenmal verliebt ist, daß Turtelgefühle zu wenig sind. Man hat beim zweiten Kind mehr Erfahrungen als beim ersten. Dann ist das zweite Kind ganz anders. Und es braucht wieder neue Erfahrungen.

Männer haben Erfahrungen mit Frauen. Und umgekehrt. Abzüglich der jeweiligen Selbstüberschätzungen. Wie angelt man sich einen Millionär? Eine alberne Parole. Und man muß Verhaltensweisen korrigieren, weil es auch veraltete Erfahrungen gibt. Was fangen wir später mit unseren Schulerfahrungen an? Die Schule war da, um das Lernen zu lernen. Mehr nicht.

Es gibt auch die Erfahrung, daß wir trotz Erfahrung die gleichen Fehler nochmal machen. Überhaupt Fehler: Sie sind der Schnittlauch auf dem Butterbrot. Es gibt keine Freundschaft ohne Fehler, weil es niemand ohne Fehler gibt. Ein Mensch ohne Fehler gliche einem Spitzensportler, der ständig gewinnt – also überall entsetzlich gut ist.

Möchten Sie so leben? Möchten wir so leben? Oder so: In fünfzig Jahren soll es eine Pille geben, mit der man bei voller Gesundheit mindestens hundert Jahre alt wird. Und: Französische Wissenschaftler arbeiten an einem Präparat, das man sich unter die Haut spritzen lassen kann, dann altert der Körper nicht mehr. Pharmawunder und Genetikzauberer. Der gute Professor Oskar Kokoschka hätte belustigt abgewinkt und gesagt: »Zu jung!«

Kokoschka war ein österreichischer Maler und Grafiker. Er malte expressionistisch. Das mußte man nicht mögen. Aber er hatte eine zauberhafte Benotung für Leute, die auch er nicht mochte: »Zu jung!« Es paßte immer. Liebeskummer, Streß, Schmiergeldaffären, Eifersucht, Ärger im Urlaub, »zu jung«. Die Eltern, die ihre Kinder in die Strafecke schicken; Strafe darf sein, aber man muß auch jemand wieder herausnehmen aus der

Strafe; also strafstrenge Eltern und viele Erwachsene: »Zu jung!« Oder einer, der jeden Samstag sein Auto wäscht, sozusagen öffentlich, vor seinem Haus: »Zu jung!« Die schnellen Denker, die Autoritären, die Elitären: »Zu jung!« Die russischen Generäle mit ihren Ordensplantagen auf der Uniformbrust: »Zu jung!« So viele Schlachten gab es gar nicht, wie die Orden tragen. Die Karrierefüchse, die Langredner, die Schönredner: »Zu jung!« Die Eiferer, die Täuscher: »Zu jung!« Es ist kein Tadel. Es ist eher Freundschaft. Und jeder über sechzig sage sich, wenn er glaubt, daß der Tag nicht stimmt: »Zu jung!« Die Schwaben haben eine ähnliche Formel: »Wenn d'Jonge erst alt wäret, ond no jong.«

Oder wenn jung, dann lieber so. Herr Wilhelm Schmidt erinnert sich an die Bopserwald-Freilichtbühne: »1932 oder 1933 wurde ›Albert Leo Schlageter‹ gespielt. Was da gezeigt wurde, weiß ich im einzelnen nicht mehr. Ich weiß nur noch, wie sehr es mich ergriff, als Schlageter, an den Pfahl gebunden, von Soldaten erschossen wurde. Zutiefst traurig verließ ich an der Hand meines Vaters das Theater. Ich schaute mich ein paarmal um. Und was sah ich da: Der soeben erschossene Schlageter räumte zusammen mit seinem Erschießungskommando die Zuschauerstühle auf. Es war eine der ersten großen Enttäuschungen meines Lebens.«

Oder wieder anders jung damals. Auch Frau Müller erinnert sich an die Bopserwald-Freilichtbühne: »Ich war so um die zwanzig und in einem Jungmädchenverein namens ›Sonnenbund‹. Unsere Wimpel hatten eine weiße Rose auf hellblauem Grund. Es war Wettsingen der Jugendvereine. Wir errangen mit unserem Kanon ›Nachtigallen bringen Schwermut ins Herz‹ den dritten Preis. Mit meinen nunmehr sechzig Jahren spaziere ich im Sommer noch oft durch den Bopserwald.«

Auch Herr Werner V. erinnert sich: »Wir sangen ›Kein schöner Tod in dieser Welt, als wer vom Feind erschlagen.‹ Ich bin heute 69. Es hat mich niemand erschlagen. Und ich habe auch niemand erschlagen. Aber jetzt sterben die Wälder.«

Es taucht unter alten Leuten immer wieder die Redewendung auf: »Den Namen habe ich vergessen.« Oder: »Ich weiß es noch wie heute, aber den Namen habe ich vergessen.« Oder sie zeigen ein vergilbtes Foto vor und entschuldigen sich: »Den Namen habe ich vergessen.« Für Außenstehende sind die meisten Namen ohnehin nicht wichtig. Oder wie die Schauspielerin Tony van Eyck es sagte: »Finden Sie Daten und Namen auch so langweilig? Sie sind nur Stationen oder Punkte eines nach außen Erreichten. Vielleicht Gegenstand einer flüchtigen Sensation. Aber der Mensch steht hinter ihnen. Und sein Gesicht ist dunkel.« Und es klingt anrührend, wenn man sich das leisten kann: »Den Namen habe ich vergessen.« Es wirkt auch nur bei alten Leuten, wenn das Leben eine lange Geschichte geworden ist, wenn es unendlich viele Namen waren, die schon ein bißchen vergilbt sind wie die Fotos. »Es war eine Stadt am Meer. Den Namen habe ich vergessen. Ich könnte schwören, daß es Kopenhagen war. Aber Kopenhagen gibt es nur im Sommer. Und es lag Schnee auf den Dächern.« Vielleicht macht es friedlich: nur noch die liebsten Namen im Kopf. Alles andere sind vergilbte Fotos geworden. Oder eine Melodie. Alles, was Freundschaft erzeugt, ist eine Melodie.

Niemand weiß, wie es später drüben funktioniert, aber jeder weiß es von sich selbst: Wenn jemand stirbt, dem wir verbunden waren; der Partner, die Eltern, die Großeltern, Geschwister und Freunde; dann sind sie nicht weg. Wir sehen sie weiterhin. Wir hören sie. Wir müssen sie nicht rufen. Sie melden sich meist selber. Es wird immer weniger Trauer. Wir gewöhnen uns an eine Art Gedankenübertragung. Und es gelingt nur mit Sympathiepersonen. Sie kennen offenbar unsere Rufnummer. Und es ist ein anderes Telefon als das übliche Telefon. Siehst du, Väterchen, sagt sich dann unsereiner, das ist das kleine Paradies. Und warum soll es nicht auch ein größeres geben. Wissen hat nicht immer etwas mit Freundschaft zu tun, aber Glauben – weil Glauben Wissen mit Seele ist.

EINE REISE IN EIN FERNES LAND

Unsereiner fliegt nicht gern. Eine Maschine mit 400 Leuten, 12 000 Meter hoch, zehn Stunden Flug. Das ist, wie wenn man essen geht in einem Feinschmeckerlokal und die Portionen sind so riesig, daß man erschrickt. Außerdem, Väterchen, du bist Autor. Das ist ein wunderbarer Beruf. Wenn du ein Buch schreibst, egal über welches Thema, machst du deine Reisen im Kopf. Was willst du mit solchen Rekorden noch? Aber: Unsereiner hat eine Frau, die zwölf Jahre jünger ist. Sie arbeitet noch. Und sie macht ihre Reisen nicht im Kopf. Das kann sie sich nicht leisten. Und in Südafrika lebt eine Tochter. So war die Frau schon zweimal in Südafrika. Und hat sich in dieses Land verliebt. Unsereiner blieb zu Hause und schrieb.

Freundschaft ist auch, wenn man nicht mehr als zweimal »nein« sagt. Und daß man sich immer wieder zur Verfügung stellt. Der eine reist nach draußen, der andere nach drinnen. Freundschaft ist auch, wenn die Alterswünsche zweier Partner nicht mehr als nötig auseinanderklaffen.

Jetzt stand die dritte Südafrikareise an. Die Frau wollte dem Mann endlich das Land zeigen, in das sie sich verliebt hat. Und solche Reisen sind schließlich auch teuer. Also gut, zeig mir das Land, in das du dich verliebt hast. Vielleicht ist es auch mein Land. Wenn ohnehin schon eine Tochter dort lebt.

Aber wenn, sollte es eine Reise anderer Art sein. Stell dir vor, du fliegst in ein fernes Land, ganz weit weg, wo du noch nie warst. Wäre es schon eine solche Reise, welche ...? Du weißt, du sollst dir keine Bilder machen. Aber üben darf man. Es wäre sozusagen ein Entfernungstest. Zunächst mit weltlicher Hightech. Später irgendwie anders. Du wirst durch die Luft geschossen. Probier es mal. Und erzähle es niemand.

Kurioserweise war der zehn Stunden lange Flug so gut wie kein Problem. Es ist vieles noch zumutbar. Mit ein bißchen Selbstüberwindung. Und Selbstüberwindung ist keine Alterserscheinung. Das war immer so. Das tut auch im Alter nicht weh. Es war ein Nachtflug. Im Jumbo herrschte Hotelbetrieb. Essen, Trinken, Bordkino. Und neue Designer haben inzwischen neue Sessel erfunden. Gegen die Platzangst. Du sitzt so tief und weich, daß du die 400 Mitreisenden kaum mehr siehst. Sozusagen wie in Abrahams Schoß. Und die Reise, die du suchst, suchst du dir draußen zusammen. Sterne über der Tragfläche. Sterne unter der Tragfläche. Das kann nicht stimmen. Aber laß das mal so. Und der gute alte Vollmond. Es ist Vollmond. Dir zu Ehren. Und es sieht so aus, als fliegst du um den Vollmond herum. Und irgendwo geht es am Kilimandscharo vorbei. Du wirst ihn nicht sehen, weil es dunkel ist. Aber jetzt sind es schon drei Prädikate: die Nacht, der Vollmond, der Kilimandscharo. Und morgens um fünf geht die Sonne auf. Chinesischgelb. Es ist Anfang Februar. Wo geht im Februar morgens um fünf die Sonne auf? Hier! In Deutschland ist es Winter. Hier beginnt der Herbst. Du hast in zehn Stunden drei Jahreszeiten überflogen. Bei der Landung, morgens um neun, in Johannesburg, regnet es. Weißt du noch, wo du bist? Das beschäftigt dich weniger. Bloß, wie kommt man von hier wieder zurück? In vier Wochen. Wieder bei Vollmond. So Gott will.

Du bist übermüdet. 400 Leute sind übermüdet. Es ist dir eingefallen: Das Auto hat fünf Gänge. Das Leben hat zehn Gänge. Und die letzten fünf lernt man erst im Alter kennen. Auch das ist eine Freundschaft wert.

Jetzt ist es kein Jumbo mehr. Jetzt ist es ein Omnibus. 40 Plätze. 20 Personen. Es ist nicht mehr so eng. Du bist in einem Land, in dem nichts eng ist. Du reist zwei Wochen lang von Johannesburg nach Kapstadt. Zuckerrohrfelder, Bananen, Ananas, Tabak, Orangen. Wie bei uns Hafer, Weizen,

Dinkel, Kartoffeln und Kraut. Straußenfarmen und Reservate voller exotischer Tiere: Löwen, Elefanten, Giraffen, Zebras, Nashörner, Flußpferde, Affen. Die Natur so bunt vermischt, wie du es noch nie gesehen hast. Was wir noch nie gesehen haben, ist ein Zugewinn. Wir behalten das nicht. Wir bringen das später mit ein. Es gibt Berge bis zu 3000 Meter hoch. Sie heißen Drakensberge: Drakens gleich Drachen. Sie haben geheimnisvolle Querrillen, die durch Wasser oder Wind entstanden sind. Gigantische Kräfte haben daran herumgerieben. Wie alt ist die Bibel? Diese Rillen sind mindestens doppelt so alt. Und bis jetzt gefallen dir am meisten die kleinen Orangenbäume, kaum zwei Meter hoch und kugelrund. Verglichen mit den urzeitlichen Bergen und ihren urzeitlichen Rillen wirken die Orangenbäumchen wie Ministranten. Und wie unsere Weihnachtsbäume noch zu Schillers Zeiten, als es keine Zimmerpalmen mehr waren und noch keine Tannen, sondern Buchsbäume. Und Schiller naschte die daran gebundenen Schokoladenstückchen vom Baum. Die Orangenbäume stehen in Plantagen bis zum Horizont. Dreimal im Jahr voll mit Orangen. Stell dir vor: Daneben oder dazwischen ein kleines Haus mit Strohdach und hohen Fenstern, das wäre so ein Platz welcher. Ich warte hier, und du kommst nach. Die grünen Blätter, die roten Orangen, dahinter der Indische Ozean. Ein bißchen Südafrika, ein bißchen Worpswede, irgendwo und nirgendwo. Wer dich geliebt hat, und deine Freunde, sie werden dich hier finden. Du züchtest Organgen für alle, die noch leben müssen.

Es gibt in diesem Land 30 Millionen Menschen. Menschen in einem Land sind immer etwa so viele, wie es in diesem Land Fenster gibt. Oder Türen. Von den 30 Millionen sind 21 Millionen Schwarze, fünf Millionen Weiße, drei Millionen Mischlinge und eine Million Inder. So ungefähr, über den Daumen. Man kennt sie nicht. Man sieht nur ihre Häuser: europäisch, malaiisch, englisch, afrikanisch. Wenn hier zwei junge Leute heiraten, bauen sie sich eine Rundhütte. Dann entsteht eine zweite Rundhütte daneben, als Küche oder Versorgungshütte. Mit jedem Kind, das geboren wird, entsteht eine neue Hütte. In Südafrika darf man noch mehrere Frauen haben. Und mit jeder neuen Frau entsteht wieder eine Hütte. Alle rund. Und alle im Kreis um die erste Hütte herum. Und du entdeckst wieder Großmutters Prinzip, den Reigen und den Kreis. Also kannst du noch so weit reisen, und Großmutter hat das garantiert nie gesehen, aber alles, was Leben ist, ähnelt sich. Und weil die Welt auch rund ist, ähnelt es sich überall. Sonne und Mond sind rund. Vielleicht ist die Seele auch rund. Rund beruhigt. Und alles, was beruhigt, ist Freundschaft.

Gastarbeiter, Flüchtlinge und Asylanten, das gab es in Südafrika schon vor hundert Jahren. Die Inder beispielsweise kamen um die Jahrhundertwende ins Land, weil sich die schwarzen Männer für die Feldarbeit zu schade waren. Die Inder blieben. Heute arbeitet kein Inder mehr auf dem Feld. Sie haben die Gastronomie und die Hotels übernommen. Leben mischt sich immer wieder neu. Du bist als Weißer in Südafrika Minderheit. Und erst recht als weißer Tourist. Aber sie behandeln dich wie einen Millionär. Ob du das bist oder nicht. Du übernachtest in einem Fünf-Sterne-Hotel. Das bezahlst du. Das darfst du auch haben. Beispielsweise heute wieder in einem neu gebauten Spielkasino. Im kleinsten Königreich der Welt. In Swaziland. Der König studiert noch in Oxford. Und jeder Gast im Hotel hat ein Bett zweimal zwei Meter. Und abends gibt es kaltes und warmes Büffet. So viel du willst und essen kannst. Die Berge um das Nobelhotel herum sind hochgezogene Wiesen. Gemäht und gebügelt. Das Nobelhotel wird es später nicht sein. Aber die hochgezogenen Wiesen, gemäht und gebügelt, könnten es sein. Jede Überraschung, jeder Tag, könnte es sein.

Such weiter, Väterchen. Jetzt ahnst du auch, warum so viele alte Leute nochmal so weite Reisen machen, wenn sie sich das leisten können. Sie gehen suchen und üben sich auf die Unendlichkeit ein.

Und schon wieder bist du irgendwo, wo du verlängern möchtest. Es sind die Weinfelder bei Kapstadt. Wein wächst hier kaum am Hang. Wein wächst in der Ebene. Die Rebstöcke sind kaum höher als bei uns die Rosensträucher. Und daneben oder damitten wieder ein Haus mit hohen Fenstern. Ich warte hier. Und du kommst nach. Wir machen Wein für alle, die noch leben müssen. Dabei fällt dir Griechenland ein. Die Olivenhaine dort, und die Gärten, wo sich das Licht bricht zwischen den Bäumen. Die Gärten der Faune und der Feen. Die Faune und die Feen gibt es nicht mehr, aber das Licht in Griechenland und in Südafrika ist dasselbe. Licht vom Himmel ist Freundschaft. Du möchtest irgendwo bleiben, wenn es erlaubt ist, wo die Sonne scheint. Und wo man keinen Mantel mehr braucht. Obwohl du das nie gelernt hast. Und dort wieder ein kleines Haus. Mit Strohdach und hohen Fenstern. Du hilfst Sonne verteilen für alle, die noch leben müssen.

Oder die Mengenlehre in Südafrika: Ein Strauß brütet zwölf Eier aus. Die hat er gelegt, wie immer. Das ist er so gewohnt. Ein Straußenei entspricht 24 Hühnereiern. Wenn man nun dem Strauß sechs Eier wegnimmt, um sie in der Versuchsstation ohne den Strauß weiterzubrüten, stimmt für den Strauß die Menge nicht mehr. Also legt er nochmal sechs Eier dazu. Er ist da arglos. Jetzt stimmt es wieder. Was läßt sich daraus lernen? Nichts.

Es sei denn, du hast das Ei entdeckt. Hühnerei oder Straußenei, egal wie groß. Es gibt die sieben Weltwunder: die Pyramiden, die hängenden Gärten der Semiramis, den Tempel der Artemis, den Zeus von Olympia, das Mausoleum zu Halikarnassos, den Koloß von Rhodos und den Leuchtturm auf der Insel Pharos. Zwei Weltwunder fehlen: der menschliche Körper und das Ei. Das Ei, so Leben daraus schlüpft, ist noch immer das Gleichnis für die Erschaffung der Welt.

TIERE ALS FREUNDE

Squirrels sind Eichhörnchen oder Waldhörnchen. Sie sind nicht braun, sie sind grau. Und Kapstadt hat zwei Gärten, in die jeder Mensch hineindarf: die Weißen, die Schwarzen, die Farbigen, die Einheimischen, die Fremden, Uniformierte und Zivilisten. Der eine Garten ist der Exotische Garten, hinter dem Tafelberg, Hanglage, so ausgedehnt wie ein Flugplatz. Er wirkt, als habe es hier mal eine internationale Gartenschau gegeben. Blumen, Grün und Bäume aus der ganzen Welt. Sträucher, Kakteen und Golfplatzrasen. Nach der Gartenschau ist daraus ein Freizeitgelände geworden. Solche Gärten gibt es bei uns auch. Es sind mathematisch angelegte Gärten. Noch fehlt die »Patina«. Nach zwei Stunden machen solche Gärten müde.

Der andere Garten ist der Garten im Regierungsviertel, vor dem Tafelberg, in der Innenstadt. Er entstand vor dreihundert oder vierhundert Jahren und war ursprünglich ein Gemüsegarten. Vergleichbar unseren Hofgärten. Und jetzt gleicht er eingetrampeltem Leben. Viele Generationen haben ihre Laufspuren hinterlassen. Und hier füttert man die Squirrels. Verwöhnt und frech genug sind sie. Sie beißen höchstens noch auf Erdnüsse an. Dann wuseln sie herbei, steigen einem auf die Schultern wie in Venedig die Tauben oder suchen in den Hosentaschen. Und weil sie graue Haare haben, denkt man, so klein und schon so alt. Aber auch: so flott und so frech möchtest du mit deinen grauen Haaren auch nochmal sein. Der Squirrelgarten in Kapstadt, wo jeden Tag – morgens, mittags, abends – offenbar jeder Kapstadter einmal hinauf und hinunter spaziert; die Weißen, die Schwarzen, die Farbigen, Uniformierte und Zivilisten; dieser Squirrelgarten wäre auch so ein Platz. Zumindest tagsüber: Wer sich liebt oder einen Freund treffen will, der findet sich hier ein. Ohne Apartheid geht das: auf dem Rasen in diesem Garten liegen ein weißer Mann und ein schwarzes Mädchen. Sie zärteln miteinander. Sie squirreln. Es stört niemand. Und es kommt keine Polizei.

Unsereiner wußte immer noch nicht so recht, was er wirklich suchte. Es war so eine Idee. Oder eine Ahnung. Oder er konnte es nicht formulieren. Später, wieder daheim, fand er es bei Humboldt, »Briefe an eine Freundin«: »Der Reiz der Jugend besteht im unbefangenen Hineinstreben in das Leben. Und der Reiz wäre dahin, wenn es einem je deutlich würde, daß dieses Streben nie um eine Stufe weiterführt. Mit dem Alter ist es nicht anders. Es ist im Grunde, wo es schön und kräftig empfunden wird, ein Hinaussehen aus dem Leben, ein Steigen des Gefühls, daß man die Dinge verlassen wird, ohne sie zu entbehren, indem man sie gleichzeitig liebt, und mit Heiterkeit auf sie hinblickt, und mit Anteil in Gedanken bei ihnen verweilt.« Genau. Das war es. Freundschaft ist nicht nur, wenn wir das, was wir suchen, auch finden. Freundschaft ist auch, wenn wir es zudem noch erklärt bekommen.

Auf dem Blumenmarkt in Kapstadt eine Rose gekauft. Bei einer dicken, schwarzen, sympathischen Mammi. Die Rose kostete einen Rand. Der Rand ist eine Silbermünze. Vergleichbar unserer Mark. Eine Silbermünze für eine Rose. Das ist zumindest ein Symbol für Freundschaft. Gibst du mir etwas Hübsches, gebe ich dir etwas Hübsches. Wir nahmen die Rose mit in unser Quartier, aber die Rose ging nicht auf. Am nächsten Abend probierten wir, eine kleine brennende Kerze unter den Rosenkopf zu stellen. Und die Rose ging langsam auf. Die Kerze und die Rose spürten einander. Es war der zweite Teil einer Freundschaft. Normalerweise bezeichnet man das nicht als Freundschaft, aber im Urlaub oder auf einer Reise ist man manchmal so. Und draußen ist es wieder dunkel.

Man kann vom Balkon auf den nahen Tafelberg sehen. Er wird von unten mit Scheinwerfern angestrahlt. Dann sieht er aus wie eine gigantische Fledermaus mit gespreizten Flügeln. Und Kapstadt ist so still in der Nacht, als hätte man Watte in den Ohren. Nacht ohne Lärm ist auch Freundschaft. Hast du Heimweh, Väterchen? Nein. Dann gehen wir morgen wieder Squirrels füttern.

Vom Tafelberg aus entdeckten wir unseren Traumstrand. Hinter Sea Point. Wir waren uns spontan einig: »Dieser oder keiner!« Hinaussehen aus dem Leben oder mit der Seilbahn hinauffahren und hinuntergucken. Die feineren Standpunkte des Alters. Der Sand war märchenhaft weiß. Das blaue Wasser rillte auf den weißen Sand zu. Auf einer imponierenden Länge Strand zählten wir fünf oder zehn Leute. Es gibt dreitausend Kilometer Küste und Strände in Afrika. Und zwei Meere, den Indischen Ozean und den Atlantischen Ozean. Und die Strände sind oft so leer, daß dort nur Vögel baden.

Also hinunter zu diesem Traumstrand. Dabei lernten wir die Taxipreise kennen. Kapstadt City bis zu diesem Traumstrand 20 Rand, etwa 15 Mark. Am nächsten Tag erwischten wir einen weiblichen Taxichauffeur, zehn Rand. Die Dame wußte eine kürzere Strecke. Für die Rückfahrt entdeckten wir Sammeltaxis, wie wir sie aus Istanbul kannten. Pro Person einen Rand. Wir ließen uns warnen, das seien »Kafferntaxis«, aber uns gefiel das. Es waren Kleinbusse für die Einheimischen. Wir wurden nicht ausgeraubt, nicht belästigt, nicht aufgefressen. Dann erwischten wir einen schwarzen Chauffeur. Er tat uns leid. Er schien sich nicht auszukennen. Aber er war der absolute Meister. Er legte listige Umwege ein. Er steuerte sein Taxi so schlau, daß er vor jeder Ampel garantiert bei Rot ankam. Er fuhr einen Diesel. Und ein schleichender Diesel ist das Gegenteil von Freundschaft. Es waren 40 Ampeln. Und wir zahlten 40 Rand. Nicht jeder, der Touristen foppt, ist ein böser Mensch. Wenn er sein Spiel beherrscht, dann ist er ein Künstler. Und es ist eben sein Spiel. Dafür haben wir wieder einen Strand gehabt, mit sieben Badenden auf drei Kilometer Länge.

Die Welt der Südafrika-Schwarzen, ihre Natur, ihre Seelen, ihre Ahnen, das kennst du nicht. Aber du brauchst nur ein Streichholz anzuzünden, schon tanzen sie. Sie wiegen sich und wippen und stampfen. Rhythmus ist für sie Entzücktsein. Wenn man sie dabei nicht politisch aufheizt, gehen diese Übungen ebenso friedlich zu Ende, wie sie entstanden. Im Supermarkt an der Kasse, wo sie dir helfen, das was du gekauft hast, in die Tüte zu stecken; oder an der Tankstelle, oder im Hotel, wo immer sie helfen dürfen, weil das bezahlte Arbeitsplätze für sie sind, da sind sie wie Kinder. Ob du das als Fremder richtig siehst, ist eine völlig andere Frage. Und ob es so bleiben wird auch. Aber es gibt, von uns so genannt, wilde Tiere, wilde Menschen, wilde Länder, in denen du mehr Harmonie und innere Eleganz beobachtest als bei dir daheim, in deinem scheinbar vollkommenen Land.

Und weil es hier so viele Hautfarben gibt, an die man sich schnell gewöhnt, fällt einem Zuckmayers »Des Teufels General« ein, wo der General einem jungen Offizier den Rassedünkel auszureden und das Leben einzureden versucht: »Und jetzt stellen Sie sich doch mal Ihre Ahnenreihe vor. Hier am deutschen Rhein. Das war mal die Kelter Europas. Und die große Völkermühle. Da war ein römischer Feldhauptmann, ein schwarzer Kerl, braun wie eine reife Olive, der hat einem blonden Mädchen Latein beigebracht. Und dann kam ein jüdischer Gewürzhändler in die Familie, das war ein ernster Mensch, der ist noch vor der Heirat Christ geworden und hat die katholische Haustradition begründet. Und dann kam ein griechischer Arzt dazu, ein Graubündner Landsknecht, ein schwedischer Reiter, ein Soldat Napoleons, ein desertierter Kosak, ein Schwarzwälder Flößer, ein wandernder Müllerbursch vom Elsaß, ein dicker Schiffer aus Holland, ein Magyar, ein Pandur, ein Offizier aus Wien, ein französischer Schauspieler, ein böhmischer Musikant. Das hat alles am Rhein gelebt, gerauft, gesoffen und gesungen und Kinder gezeugt. Und der Goethe, der kam aus demselben Topf. Und der Beethoven und der Gutenberg und der Matthias Grünewald. Es waren die Besten, mein Lieber! Die Besten der Welt! Und warum? Weil sich die Völker hier vermischt haben. Vermischt wie die Wasser aus Quellen und Bächen und Flüssen, damit sie zu einem großen, lebendigen Strom zusammenrinnen. Das ist natürlicher Adel. Das ist Rasse.«

Unsereiner wußte noch, »Des Teufels General« war ein wuchtiges Theaterstück in den fünfziger Jahren, nach dem kleinbürgerlichen Hitler-Deutschland. Und unsereiner kannte auch diesen Text noch. Er riß die Seele auf. Dann verblaßte das. Und erst wieder nach Südafrika suchte unsereiner nach diesem Text. Er gilt immer noch. Aber heute schon wieder mit einer anderen Bedeutung. Freundschaft mit allem, was wir vergessen haben. Und es kommt in anderer Bedeutung wieder zum

Vorschein. Weil wir verreist waren. Auf welche Art auch immer.

Im Krügerpark treibt vor unserem Bus her ein Schakal vierzig oder fünfzig Impalas. Impalas sind eine Mischung aus Ziegen und Rehen. Sie haben Hörner und zierliche Fesseln. Es sieht so aus, als wisse der Schakal das auch. Er treibt nicht die Hörner. Er treibt die Fesseln. Und der Schakal sieht aus wie ein verwunschener Fuchs. Und dieser eine Schakal treibt so viele Impalas vor sich her. Vielleicht meint er das gar nicht so. Oder die Impalas mögen das so. Und im Bus sitzen zwanzig Menschen und beobachten das. Die mit Fotoapparaten fotografieren durch die Fensterscheiben. Und es passiert nicht das, was eigentlich logisch wäre: daß die Impalas sich irgendwann umdrehen, die Hörner senken und den Schakal verjagen. Er würde sehr wahrscheinlich davonwetzen. So fahren zwanzig Menschen in einem Luxusbus hinter einer uralten Feigheit her: Einer macht Psychoterror, weil er sonst nichts gelernt hat, und verbreitet Aufregung und Schauder. Ab wann darf eigentlich Widerstand sein? Impalas müssen das nicht wissen. Aber auch der Busfahrer nahm mehr Rücksicht auf den Schakal als auf die Impalas. Der Schakal war die hinterste Figur. Und damit die Figur unmittelbar vor dem Bus. Man soll auch einen Schakal nicht verletzen. Dann bog die Gruppe von der Straße ab. Freundschaft paradox.

Und der gute F. fällt einem ein. Das war wieder Griechenland: »Jeden Morgen, um dieselbe Zeit, kommt steinwurfnah ein Fischerboot am Strand vorbei. Eine Frau steht darin und rudert. Der Mann hängt seitlich über den Bug und sucht mit einer Blechtonne, in die ein Glasboden eingesetzt ist, den Grund unter Wasser ab. Die Fangstangen hängen auf zwei Eisengabeln entlang der Bordwand. Die Frau trägt ein weißes Kopftuch, das nur die Augen freiläßt. Das kleine Boot, die eingemummte Frau, der über dem Wasser hängende Mann, die langen Ruder. Ich wollte es malen. Aber was man nicht malen kann, sind die Ruderbewegungen der Frau, leicht und sanft, scheinbar uninteressiert, aber streng nach dem Kommando des Mannes. Es hörte sich so an, als sage er ein unendliches Gedicht auf. Wenn die Frau müde ist, legt sie sich auf die Schattenseite im Boot. Und der Mann wartet stehend. Es war meine Insel in Griechenland. Ich habe Philemon und Baucis gesehen. Ich war schon zehn Jahre lang nicht mehr dort. Ich wünsche mir, daß die beiden noch leben. Es sind Philemon und Baucis. Vor zehn Jahren wußte ich es noch nicht. Heute weiß ich es. Ich habe Philemon und Baucis gesehen.«

Autobahnen über die Berge. Hinauf und hinunter. Autobahnen durch Täler und Schluchten. Wie die Pässe des Lebens. Das Straßennetz entstand so. Es läuft so. Du kannst es nicht ändern. Ein Stararchitekt in Kapstadt baute eine Kirche. Dann wollte ihn ein Banker haben. Der Banker ließ sich eine Bank bauen. Und die Bank wurde so edel wie die Kirche. Wenn man in der Bank nach oben schaut, sieht sie aus wie eine Basilika. Und jede Bank hat ihre Hauspolizei. Und jeder Hauspolizist trägt eine tadellos gebügelte Uniform. Es macht ein bißchen traurig, so viele schwarze Gesichter in so vielen Operettenuniformen zu sehen. Früher waren es die Stammestrachten. Jetzt sind es Schulterstücke, wie von einem Konditor entworfen, und goldene Knöpfe und Bügelfalten. Jeder fast wie ein Fähnrich. Laß ihnen die Freude am Putz. Bei uns daheim ist es das Auto.

Die ungezählt vielen Muschelarten. Was schön ist, soll man nicht zählen. Und die Muschel wieder gleicht dem Ei. Lauter kleine Häuser. Und niemand weiß, in welcher Muschel vielleicht eine Perle versteckt ist. Lagunen und Tropfsteinhöhlen. Mineralquellen, Fische und Meeresfrüchte. Silberminen, Goldminen, Diamantenminen. Es ist ein Land, das gar nicht wissen will, wie reich es ist. Und Augen, Augen, Augen. Andere Augen als bei uns. Und wenn es dunkel wird, Lichter, Lichter, Lichter. So viele Lichter in der Nacht hast du noch nirgendwo gesehen. Die Reichen wohnen wie überall versteckt. Hinter Mauern mit viel Grün. In Kapstadt leben zwei Millionen Menschen, von denen du niemand kennst. Hast du Angst, Väterchen? Nein. Fühlst du dich verloren? Nein. Hast du Heimweh? Nein. Dann gehen wir morgen wieder Squirrels füttern. Augen, Augen, Augen. Lichter, Lichter, Lichter. Lernen, lernen, lernen. Das ist nicht Kapstadt. Das bist du. Und wenn du das Spiel noch magst, such weiter.

ZWISCHEN KINDHEIT UND ALTER

Sagt die gute L.: »Freundschaft hat etwas mit Sympathie zu tun. Oder mit Seelenverwandtschaft. Oder mit Anhänglichkeit. Freundschaft ist auch nicht heimlich. Man kann von Freunden enttäuscht sein. Dann hat sich die Freundschaft erledigt. Und es tut nicht so weh, wie wenn eine Liebe zerbricht. Man kann auch aus Freundschaften herauswachsen.

Ich kenne viele Witwen oder geschiedene Frauen, die zusammen verreisen. Man kann oder muß es nicht mehr mit dem Partner tun. Man erlebt es nicht mehr füreinander, aber doch miteinander. Für unsere Großeltern war Altsein kein Thema. Man wurde kaum älter als vierzig. Heute wird man laut Statistik ungefähr siebzig. Oder noch älter. Manchmal flackern im Alter noch einmal alte Freundschaften auf. Oder es entstehen neue Freundschaften.

Leben ist so ähnlich, wie wenn man eine Schublade aufzieht. Und sie purzelt zu Boden. Und in der Schublade waren lauter Marmeln drin. Und die Marmeln rollen nun hin und her. Und kreuz und quer. Und klicken überall zusammen. Je nachdem, wem wir begegnen. Und es macht klick. Wo es laut klickt, das ist Liebe. Wo es sanft klickt, das ist Freundschaft.«

Sagt die gute U.: »Stell dir vor, du ziehst um. Das ist uns vor zehn Jahren passiert. In einem Hochhausviertel. Wir wollten aber dort bleiben. So zogen wir nur in das Nachbarhaus um. Stell dir vor, deine Freunde und Bekannten im bisherigen Haus bleiben deine Freunde und Bekannten. Und im neuen Haus hast du auch schon wieder Freunde und Bekannte. Und neben der neuen Wohnungstür liegen viele kleine Willkommensgeschenke. Du mußt das nicht sofort begreifen. Aber es ist ein Hauch von Freundschaft. Vielleicht ist es später drüben so ähnlich.«

Freundschaft mit der eigenen Kindheit. Oder wie es Jean Paul sah: »An den Menschen sind vorn und hinten, wie an den Büchern, zwei leere, weiße Buchbinderblätter, Kindheit und Alter.«

Schwärmt der gute W. von den Weihnachtsgeschenken der zwanziger Jahre: »Die Ritterburgen und die Bleisoldaten. Das Hübsche an den Ritterburgen waren die Kettchen an den Zugbrücken. Die konnte man abmontieren und den Mädchen schenken. Und die Bleisoldaten goß man selbst. Aufregend schön war das flüssige Blei. Und wenn die Figuren noch heiß und blitzsilbrig aus der Form kamen, dann wurden sie nach und nach mausgrau. Und dann bog man ihnen die Gewehre nach unten, aus Enttäuschung, weil die Soldaten nicht mehr so glitzerten wie zu Anfang. Was es auch immer zu Weihnachten gab, Bauklötzer, Kasperletheater, Laterna magica, Industriespielzeug, angetrieben mit einer Spiritusflamme: für einen schwäbischen Buben gab es nichts Höheres als eine schwäbische Märklin-Eisenbahn oder einen Märklin-Baukasten mit ungeheuer vielen Löchern und ungeheuer vielen Schrauben. Die Eisenbahn, das waren noch breite Schienen aus weichem Blech, die man zusammenstecken konnte zu einem Achter. Wenn es nicht paßte, bog man das Blech mit den Zähnen. Dazu gehörte eine Lokomotive, deren Fahrwerk mit einem Schlüssel aufgezogen wurde, so wie man die Standuhren aufzog. Wenn man das stramm genug machte, war die Feder so gespannt, daß man die Lokomotive kaum mehr auf die Schienen kriegte. Sie schnellte davon wie eine Kraftmaus und flog in der ersten Kurve aus der Schiene. Und das sollte sie auch. Es war nicht Zerstörungslust. Es war fröhlicher Materialverschleiß.

Ich spiele das heute auf andere Art: Wenn meine Urenkelin kommt, halte ich meinen elektrischen Rasierapparat gegen die Kachelwand im Badezimmer, und die Urenkelin ist hingerissen, wie das brummt und rattert. Das waren die Spielzeuglokomotiven vor sechzig Jahren. Und ich denke: Woher wir kommen, wohin wir gehen.«

Sagt der gute A.: »Oft ist Freundschaft auch, wenn man nur zuhört. Einfach nur zuhört. Ich habe einen Bekannten, der in den dunklen Monaten November und Dezember meist sonntags anruft. Abends zwischen fünf und sechs. Vielleicht trinkt er dann seinen Dämmerschoppen. Aber so klingt es nicht. Er entschuldigt sich, er wolle auch gar nicht stören, wie es denn so gehe, und dergleichen. Abends um fünf geht die Sonne unter. Und dann erzählt er von seiner Frau, die vor drei Jahren starb, im November. Ich höre ihm zu, obwohl er immer wieder dasselbe erzählt. Und ich habe eigentlich ein schlechtes Gewissen dabei.

Warum? Weil ich meist zuvor im Mineralbad war. Dort passiert auch etwas, was es dort nur im November und Dezember gibt. Wenn der Himmel klar ist, scheint dort nachmittags zwischen zwei und vier die Sonne durch die hohen Fenster auf das Wasser. Das Wasser ist kalt, aber es perlt am

Körper hoch. Die Sonne wärmt nicht mehr, aber sie glitzert auf dem Wasser. Wie nur im November und Dezember. Ab Januar kreist sie wieder anders vor den Fenstern. Du machst die Augen zu, während du schwimmst. Und du spürst das Glitzern im Gesicht. Und wenn du wieder daheim bist und es draußen dunkel wird, hast du dir einen Altersluxus angewöhnt: Du knipst die Lichter im Wohnzimmer an, 300, 400, 500 Watt. Das hast du von den Architekten gelernt, die du kennst. Das bißchen an Stromkosten im Vergleich zu deiner Seele, die es hell und strahlend mag, gönn es dir. Und dann klingelt das Telefon. Der Bekannte. Ich könnte schwören, er hat in seinem Wohnzimmer kein Licht an. Er läßt sich auch nicht einladen in meine helle Wohnung. Ich habe es ein paarmal versucht: Nein, nein, er wolle nicht stören. Ich weiß nicht, wen er außer mir noch anruft. Ich habe das Gefühl, er sucht nach Licht. Wenn es draußen dunkel wird. Als seine Frau noch lebte, war er ein Hansdampf in allen Gassen. Er organisierte Klassentreffen und Klassenfeste ehemaliger Mitschüler. Noch und noch. Aber er nahm seine Frau nie mit. Er will auch nicht getröstet werden. Er fragt höchstens: ›Bist du noch am Apparat? Hörst du mir noch zu?‹ Und ich sage: ›Ja‹.«

HINAUSSEHEN AUS DEM LEBEN

Freundschaft mit den Möglichkeiten oder: Jedes Alter ist anders. Solange wir Kinder sind, begreifen wir unseren Zustand kaum. Wir machen höchstens die Erfahrung, daß Kinder nicht alles dürfen, was Erwachsene dürfen. Aber auch: Als Kind hat man die meisten Freunde. Es sind Spielfreunde. Und das Erlebnis Freundschaft ist ganz neu. Später, wenn man erwachsen ist, haben sich die Erfahrungen der Kindheit zur Hälfte erledigt. Man muß nicht mehr zur Schule. Und man verdient selbst Geld. Die Schule war ein theoretischer Lernprozeß. Jetzt, da man Geld verdient, lernt man schneller und williger. Auf Geld ist zwar kein Verlaß, aber es ist ein Gegenwert, mit dem man etwas anfangen kann. Und es sind neue Möglichkeiten. Beziehungen zu einem Partner, einer Partnerin, und neue Freundschaften entstehen nicht mehr so spontan. Wo aber etwas harmoniert, wird es wichtiger. Und es ist die Gegenprobe zu einer eigenen Familie. Aber auch die wächst wieder auseinander. Es gibt die Zellteilung nicht nur in uns. Es gibt sie auch um uns herum.

Und ab sechzig lichtet sich das. Die Gleichaltrigen werden weniger und weniger. Eines Tages ertappt man sich dabei, daß man nicht mehr die zusammenzählt, die man kennt, sondern die, die man kannte. Und Marlene Dietrich fällt einem ein: »Sag mir, wo die Blumen sind. Wo sind sie geblieben?« Oder Karel Gott: »Ein bunter Luftballon tanzt noch im Wind.« Sagt der gute M.: »Früher gab es Empfehlungsschreiben, wenn man die Stellung wechselte. Und wenn man gut war, wurden es neue Freundschaften.«

»Von wegen Freundschaft«, sagt der gute E., »Alter ist die Kunst, es zu ertragen. Du hörst immer weniger, obwohl das nicht schlimm ist. Wir haben viel zu viel gehört. Und du siehst immer schlechter. Ich beobachte Leute im Mineralbad, die ihre Zeitung schrecklich dicht vor die Augen halten. Weil die Brille auch nichts mehr nützt. Und du fragst dich, was man in diesem Zustand noch wissen will. Aber das weiß nur der, der in diesem Zustand noch liest. Und die Zähne. Und dein Gedächtnis. Und die Hände zittern. Es ist eine ständige Demontage. Man fühlt sich nicht mehr zumutbar. Sie sind alle reizend zu dir. Und sie werden immer reizender. Und genau das ist es. Und wenn man aufhört zu hoffen. Reumütige Betrachtungen nützen nichts mehr. Man hat auch keine Zeit mehr zum Irren. Freundschaft wäre höchstens noch: Herr, laß Abend werden, mach es kurz und schmerzlos.«

Nicht, daß der gute E. resigniert. Er hat das nur sauber in sich geordnet: »Man lebt, wie man kann, nicht, wie man will. Wir sollten auch nicht die Jahre zählen, sondern was wir empfunden haben. Oder wir sollten jeden Tag als ein Leben zählen. Aber das kann man nicht. Acht Dinge tauchen immer wieder auf: Gewinn und Verlust, Glück und Leid, Lob und Tadel, Ehre und Schande. Wie es für jeden Menschen nur drei Ereignisse gibt: Man wird geboren. Man lebt. Man stirbt.«

Und wenn man alt wird: »Dann wächst man zurück.« Und was bleibt: »Vielleicht der Stolz, daß man sagen kann, ich habe gelebt.« Und was noch: »Danke für den Wert. Jetzt schnür dein Paket. Und laß es prüfen.«

Freundschaft ist, wenn man so sein Paket schnüren könnte. Oder der ehrliche Finder, der das, was er findet, bei der nächsten Fundstelle abliefert. Oder der Wochenmarkt im Herbst. Oder wenn jemand eine schöne Handschrift hat. Und wenn man als Kind zum erstenmal Schnee erlebt. Und früher die Eisblumen auf den dünnen Fensterscheiben. Auf Thermopaneglas entstehen keine Eisblumen mehr. Dafür ist die Wohnung wärmer. Und es kann passieren, daß ein Marienkäfer, weiß der Herr woher, im Winter auf der Innenseite der Thermopanescheibe seine Runden dreht. Er tanzt den Bolero von Ravel. Und draußen stieben die Flocken dagegen.

Oder wenn eine Amsel auf dem Balkon ein Nest baut. Ungefragt. Und du beobachtest, was dir zufliegt. Ungefragt. Vogelmutter und Vogelvater bereiten etwas Wichtiges vor. Dann lugen drei winzige Schnäbel über den Nestrand. Dann ist das Nest wieder leer. Oder der gute Professor Wilbert Neugebauer, Chef der Wilhelma in Stuttgart, seit er pensioniert ist: »Sagen wir mal so, das Vergnügen überwiegt den Schmerz.« Oder die gute K.: »Stell dir Zwillinge vor. Und die Hälfte an Harmonie reicht. Das ist Freundschaft.«

Der gute T. hat vor dreißig Jahren den Monolog eines Vagabunden geschrieben: »Lieber Gott schenk mir einen Taler. Nicht als Geld. Schenk ihn mir als Kompaß. Ich will ihn blank putzen. Schick mich mit dem Taler auf die Wanderschaft und laß mich dein Vagabund sein. Ich will den Tau von den Blumen streichen und den Schnee von den Bäumen schütteln, will über eine bucklige Brücke gehen, in ein Land voller schmaler Fensterläden, wo den ganzen Tag die Sonne scheint und das Meer so glitzert, daß man nicht mehr davon loskommt.

Laß mich nie seßhaft werden, denn was ich suche, ist nicht Geborgenheit. Ich suche die Bilder deiner Welt, die reichen und die kargen. Laß mich suchen, warum das so ist. Musik hören und alles durcheinanderbringen: Beethoven, Vivaldi, den Candlelightwalzer und die Elisabethenserenade. Die Wiegenlieder in allen Sprachen. Und die Gospels, die die Schwarzen singen, wenn sie dich meinen.

Laß mich die Landstraße entlangschlendern wie ein verliebter Bär. Eine Säule anfassen und mit den Fingern über die Kerben streichen, so wie man Harfe spielt. Man muß es nicht hören. Ich höre es. Durch den Regen stapfen. In einem Fischerdorf an der Mole sitzen. Und einen Sliwowitz trinken, damit die Kleider trocknen. Steine ins Wasser werfen. Und niemand fragen, wie das Dorf heißt. Und wie spät es ist. Den Rauch von einem Holzfeuer riechen. Die Kinder beobachten. Die Frauen und die Windmühlen grüßen. Bei der Weinernte helfen. Über den Zaun steigen und die Fohlen streicheln.

Laß mich die Hand unter den Wasserfall halten. In engen Gassen die Stufen hochsteigen. Den Schiffen nachgucken. Und silberne Haare kriegen. In einer Kapelle sitzen. Ganz allein. Umgeben von tausend Ikonen. Das Abendläuten hören. Nicht

beten. Oder anders beten. Dann will ich verschwinden. Auch nicht glücklich. Glücklich ist keine Vokabel für einen Mann. Aber wunderbar müde. Wunschlos müde. Und mit einem schmalen Fensterladen unter dem Arm. Und ich möchte dir deinen Taler zurückbringen.«
Der gute T. ist inzwischen siebzig. Würde er das nochmal so schreiben: »Ich weiß es nicht. Es war eine Eingebung. Ich habe das alles in Wirklichkeit nie getan. Aber wenigstens eines möchte ich noch tun: den Taler zurückbringen.«

Oder Freundschaft einfach nur so, wie der Satz aus dem Kinderbuch: »Die Zeit vergeht. Und vieles geht verloren. Das Leben vergeht und wird wiedergeboren. Tod ist Tod. Leben ist Leben. Du fragst warum? So ist es eben.«

DER AUTOR

Geboren am 21. Februar 1922 in Ulm/Donau.
1940 bis 1946 Soldat;
Kriegsgefangenschaft in Norwegen.
1946 Journalist beim »Weser-Kurier« in Bremen.
1947 bis 1969 Feuilletonchef der Nordsee-Zeitung in Bremerhaven.
1970 bis 1986 Kolumnist (Knitz) der Stuttgarter Nachrichten.
Autor von Hör- und Fernsehspielen wie:
»Big Daddy«, »Nie wieder Urlaub«,
»Romeo und Julia mit Blasmusik«.
Zahlreiche Buchveröffentlichungen wie:
»Knitz-Vorlesebuch«,
»Großmutters Stuttgart-Geschichten«,
»Rahmlokomotive«.